DESCRIPTIONS
DES ARTS
ET MÉTIERS.

DESCRIPTIONS
DES ARTS
ET MÉTIERS,

FAITES OU APPROUVÉES

PAR MESSIEURS

DE L'ACADÉMIE ROYALE DES SCIENCES.

AVEC FIGURES EN TAILLE-DOUCE.

A PARIS,

Chez { SAILLANT & NYON, rue S. Jean de Beauvais;
DESAINT, rue du Foin Saint Jacques.

M. DCC. LXI.

Avec Approbation & Privilége du Roi.

L'ART
DE
L'INDIGOTIER.

Par M. DE BEAUVAIS RASEAU.

M. DCC. LXX.

L'ART DE L'INDIGOTIER.

LIVRE PREMIER.

CHAPITRE PREMIER.

Notions préliminaires. Plan de l'Ouvrage.

L'INDIGO ou l'Anil, eſt le produit d'une plante qui a macéré & fermenté dans une ſuffiſante quantité d'eau, & dont l'extrait, après avoir reçu une longue & violente agitation, dépoſe aſſez promptement une ſubſtance qui dès-lors porte le nom d'*Indigo*, lequel étant deſſéché convenablement, fournit abondamment & ſous peu de volume, une couleur bleue très-belle & très-ſolide. Ces excellentes qualités ſont cauſe que les Peintres & les Teinturiers en font un fréquent uſage, comme on peut s'en inſtruire dans l'Art du Teinturier, donné par l'Académie des Sciences, dans le Dictionnaire Encyclopédique, & dans pluſieurs autres ouvrages concernant le Commerce, les Arts & Métiers.

Cette matiere diſſoute en petite quantité, & mêlée au ſavonnage dans beaucoup d'eau, a auſſi la propriété de faciliter & de perfectionner le blanchiſſage de la ſoie, du linge & du coton ; ce qui en augmente encore la conſommation tant en Europe que dans nos Colonies, où l'on voit rarement des Teinturiers en exercice ; mais comme cette ſubſtance ne s'acquiert qu'après de grands travaux, & qu'elle vient de fort loin, elle eſt auſſi d'un grand prix.

Cette denrée fait depuis un temps immémorial, une des principales branches du commerce de l'Aſie, & elle eſt devenue une ſource d'accroiſſements & de richeſſes pour les Colonies que les Européens ont dans le nouveau Monde.

L'Indigo étoit autrefois regardé en Europe, comme une eſpece de pierre naturelle de l'Inde, & portoit en effet le nom de *Pierre indique*, ou ſimplement d'*Indic* ; il a pris enſuite confuſément celui d'*Inde* & d'*Anil* avec le nom qu'il porte aujourd'hui. Ce n'eſt que depuis les grandes découvertes de l'Amérique & des Indes, qu'on en a bien connu la nature, ainſi que la fabrique. On ne peut cependant guere douter que dès avant ce temps, on ne fît de l'Indigo en Arabie (1), en Egypte (2), & même dans l'Isle de Malthe (3); mais comme on en cachoit avec soin l'origine & le procédé, notamment dans ce dernier lieu, tout celui qui se consommoit ci-devant en Europe, étoit réputé venir des Indes. On croit encore avec beaucoup d'apparence, que les anciens naturels du Mexique, en fabriquoient une espece qui, jusqu'à ce jour, a porté le nom d'*Inde*, qu'on lui a conservé pour les raisons que nous rapporterons dans la suite; mais soit que les Mexiquains en connussent la préparation, soit qu'elle leur ait été communiquée par les Castillans revenus des Moluques, il est toujours certain que les premieres matieres fabriquées en ce genre à l'Amérique, sont sorties de la nouvelle Espagne: il est encore fort vraisemblable que de toutes les Isles de l'Amérique, celle de Saint-Domingue est la premiere où l'on ait cultivé la plante de l'Indigo: ce qui paroît fondé sur le rapport de Lopes de Gomès, qui dit (4), que de son temps il se faisoit de très-belles couleurs d'azur dans l'Hispagnola; & sur quelques passages du Pere Labbat, dont nous allons faire le résumé. Cet Auteur raconte (5), qu'étant à Saint-Domingue en 1726, il fut au quartier du fond de l'Isle à Vache, que les François commençoient à peine à défricher, & il ajoute: Les anciennes Indigoteries qu'on rencontre dans l'intérieur du pays, prouvent que toute cette côte a été autrefois habitée par les Espagnols, qui l'ont abandonnée pour aller s'établir au Mexique, après la conquête de Fernand Cortès (6). Or, en fixant l'époque de cette entiere désertion, aux ravages qui précéderent & accompagnerent notre invasion dans l'Isle, ou seulement au temps du gouvernement de M. le Chevalier de Fontenay, c'est-à-dire, en 1652, on en doit au moins conclure que les dernieres fabriques des Espagnols dans cette partie de l'Isle de Saint-Domingue, concourent avec les plus anciens établissements de cette espece dans nos Isles, dont la date ne remonte qu'à l'année 1644, temps auquel M. de Poinci, Commandeur de l'Ordre de Malthe, & zélé Cultivateur, commença à en encourager le travail dans toutes nos Isles, dont il eut le gouvernement. Il reste maintenant à sçavoir si les Espagnols ont transporté quelque plante d'Indigo de Guatimala, dans l'Isle de Saint-Domingue, s'ils observoient dans leur travail la méthode des Mexiquains, & de qui nous tirons la nôtre; mais c'est sur quoi les Auteurs ne nous offrent que des conjectures peu satisfaisantes. Le Pere Charlevoix, ou plutôt le Pere le Pers, sur les Mémoires duquel il a travaillé, dit dans son Histoire de Saint-Domingue (7): Il y a deux sortes d'herbes appellées *Indigo*. Il en croît une espece qu'on nomme *Indigo*

(1) Henri Midelton, cité dans Purchas, Chap. II. verset 3, *page* 259; & Douton, dans Purchas, Chap. 12, verset 2, *page* 271.

(2) M. Marchand, dans les Mémoires de l'Académie des Sciences, Année 1718, *page* 94. Relation du Voyage de Cæsar Lambert en Egypte, *page* 7, *in-4°*.

(3) Burchard, dans la Description de l'Isle de Malthe, Chap. 6, *page* 23, Edit. de 1660.

(4) Chapitre 26.

(5) Histoire générale des Voyages, Livre 7, Tome 59, *pages* 2, 141 & 143.

(6) La ville de Mexique fut prise le 13 Août 1521, après 93 jours de siege. Jean Barrow, Abrégé Chronologique, ou Histoire des découvertes faites par les Européens. *Vol.* 2. *pag.* 423.

(7) Volume 2, *page* 489.

bâtard, & qu'on a cru long-temps n'être bonne à rien. Un habitant de l'Acul, nommé Michel Périgord, s'avisa il y a 20 ans, (*ce qui revient*, *suivant l'Auteur*, *à l'année* 1704), d'en faire un essai qui lui réussit; il s'y est enrichi, & tout le monde l'a imité. Aujourd'hui cet Indigo est au même prix que celui des Indes. (L'*Auteur entend parler ici de l'Indigo qui se tire à Saint-Domingue*, *de la plante nommée* Indigo franc, *qui passe pour avoir été apportée des Indes proprement dites*). Il faut pourtant avouer que celui-ci, (*c'est-à-dire*, *l'Indigo qu'on tire de l'espece du franc*), a un tout autre coup d'œil; *l'Auteur est ici tombé dans une erreur de prévention*: mais en récompense, celui-là (*le bâtard*) vient dans plusieurs terrains qui refusent le premier. On a tenté d'en travailler plusieurs autres qui sont venus de Guinée, mais sans succès. Au reste, quand je dis que l'ancien Indigo, (*l'Auteur auroit plutôt dû*, *en ce cas*, *l'appeller le nouveau*), est venu des Indes orientales, je parle avec le plus grand nombre des Auteurs qui en ont traité; mais ce sentiment n'est pas sans contradiction : plusieurs prétendent qu'il est originaire du Continent de l'Amérique, & sur-tout de la province de Guatimala.

Toutes ces opinions rapportées par le Pere Charlevoix, paroissent cependant peu soutenables, quand on considere qu'aucun Auteur des différentes Histoires Naturelles de la nouvelle Espagne, ne fait mention de ce transport, & que parmi les especes qu'ils nous représentent avec leurs noms Mexiquains, comme originaires de la nouvelle Espagne, celle de l'Indigo franc ne se trouve point du tout. Il est vrai que George Rumphe, auteur de l'Herbier d'Amboine (1), parlant de l'Indigo des Malayes, nommé *Tarron*, dont la description faite par l'Auteur, sera sous peu rapportée, dit que les Espagnols l'ont tiré des Moluques pour l'introduire dans les Isles de l'Amérique, où il en croît une grande quantité; mais on verra que cette plante differe en plusieurs points, & sur-tout par la forme de ses siliques, *fig.* 2, *Pl.* 3, de celle de l'Indigo franc de nos Colonies; ce qui affoiblit de beaucoup le poids de cette autorité. On ne cachera point non plus que George Wolff Wedelius (2), pense que les Portugais & les Espagnols, après avoir cultivé cette plante dans les Indes, en ont porté la graine dans leurs possessions de l'Amérique; mais il ne donne ce sentiment que pour une simple conjecture de sa part. Après ces différentes remarques, il ne nous reste autre chose à penser, si ce n'est que les François ont apporté l'espece dont il est question, des côtes de la Méditerranée ou de la Mer rouge, ou que l'ayant trouvée dans les Isles de l'Amérique, ils sont les premiers qui l'ayent cultivée; ce qui semble en effet être indiqué par son surnom de *franc*, & confirmé par l'adoption qu'en ont fait les Anglois (3).

Nous n'avons pas été plus heureux dans les recherches que nous avons faites

(1) 5e. Partie, Chap. 39, *page* 220.

(2) Exercices médicophilologiques, Décade 4, *page* 47.

(3) William Burck, Histoire des Colonies Européennes dans l'Amérique, Tome 2, *page* 282, appelle cette espece, *Indigo de France*, ou *d'Hispagniola*.

pour apprendre de quelle maniere les Espagnols travailloient leur herbe à Saint-Domingue, ni d'où nous tirons la méthode qui s'est répandue dans toutes nos Colonies. Mais nous observerons que si les instructions sur la fabrique de l'Indigo, nous eussent manqué du côté des Espagnols ou des Portugais du Brésil, M. de Poinci qui pouvoit avoir connoissance de celles de Malthe & d'Egypte, ou même des Indes, par la voie des flibustiers qui revenoient souvent de ces dernieres contrées à nos Isles, n'auroit point manqué de l'enseigner à nos Colons qu'il excitoit de tous côtés à ce travail, dont l'émulation devint bientôt si considérable entre les Espagnols & nous, qu'au rapport de Joseph Acosta (1), la flotte enleva des ports de la nouvelle Espagne en 1547, 5663 arrobes (2) d'Anil ou d'Indigo; & en 1586, 25260 autres arrobes de même marchandise (3). D'un autre côté nous lisons dans l'Histoire de Saint-Domingue (4), que cette fabrique avoit fait de tels progrès dans cette Isle, que le produit de la vente de son Indigo montoit en 1724, à trois millions de livres de notre monnoie.

Voilà ce que nous avons pu recueillir de plus intéressant sur l'histoire de cette substance. Il convient maintenant de faire connoître les différentes plantes & les divers moyens qu'on emploie pour fabriquer cette matiere, & de prévenir le Lecteur sur l'ordre que nous comptons observer dans l'exposition de ces différents objets. Pour cet effet, nous observerons d'abord que la plante d'où on tire l'Indigo, est extrêmement variée dans ses especes, & qu'il en croît quelques-unes en des pays très-éloignés les uns des autres. Nous remarquerons en second lieu, que la maniere de travailler ces plantes, & quelquefois la même espece, n'est point toujours semblable chez tous les Peuples ni dans le même canton; d'où résulte nécessairement une grande diversité dans les produits. Pour exposer ces objets dans l'ordre le plus naturel, & les rapprocher autant qu'il est possible selon leur rapport local, nous nous sommes proposés de présenter séparément les Indigots de chaque Continent, & de joindre à leur description celle de leurs Manufactures, avant de passer à celle d'une autre contrée. Et comme notre dessein est de nous replier vers la fabrique de l'Indigo dans nos Isles, que nous avons principalement en vue dans cet Ouvrage; nous commencerons par rapporter successivement ce que l'Europe, l'Afrique, l'Asie & le Continent de l'Amérique nous offrent de plus important & de plus essentiel sur ces différents sujets que nous ne nous flattons point d'avoir épuisés, sur-tout en ce qui regarde la description des plantes. Au reste, nous avouerons qu'il nous conviendroit peu de traiter ici des plantes étrangeres à nos Isles, si nous n'eussions trouvé dans les plus célèbres Auteurs les secours nécessaires pour remplir cette partie, & si nous n'eussions cru que le Lecteur instruit du caractere de ces plantes, verroit avec plus de satisfaction ce que nous avons à lui dire sur leurs manipulations. D'ailleurs on

(1) Cité par Hans Sloane, Voyage à la Jamaïque, Vol. 2, *page* 34 & *suiv.*
(2) L'arrobe pese 25 livres poids de marc.
(3) Joseph Acosta, Liv. 4, *page* 255.
(4) Charlevoix, Tome 2. *page* 489.

nous

nous a repréſenté que la connoiſſance de ces plantes, pourroit en occaſionner quelque tranſport avantageux dans nos Colonies, & ce motif a achevé de nous faire ſurmonter la répugnance que nous ſentions pour une pareille entrepriſe.

CHAPITRE SECOND.

Des Indigos & Fabrique de l'Europe.

L'INDIGO croît naturellement dans tous les pays qui ſont ſitués entre les tropiques, & on peut le cultiver avec ſuccès dans ceux qui ne ſont éloignés que de 40 dégrés de la ligne; mais il ne réuſſit que très-rarement un peu au-delà de ces bornes.

Cette rareté à laquelle on eſt ſujet dans un climat tel que celui des environs de Paris, a fait inſérer dans les Mémoires de l'Académie une deſcription des plus complettes de l'Indigo. L'Auteur ne dit point d'où il a tiré la ſemence de la plante dont il eſt queſtion, ni le nom particulier de ſon eſpece; mais ſi nous en jugeons par ſa deſcription, il paroît qu'il avoit ſous les yeux l'Indigo franc. On obſervera cependant qu'il ſe rencontre quelques différences entre cette deſcription & celle que nous en ferons dans la ſuite, lorſque nous ſerons prêts à entrer dans le détail de ſa manipulation dans nos Iſles; mais il ſera facile de les concilier, en conſidérant dans quelles vues & dans quels pays l'une & l'autre ont été faites.

Deſcription de l'Indigo, par M. MARCHAND, de l'Académie des Sciences (1).

COMME l'Indigo eſt une plante qui rarement porte des fleurs & des graines dans ce pays-ci (la France,) & que l'année derniere nous l'avons vu croître dans ſa perfection, j'en rapporterai ici la deſcription, & les remarques que nous avons faites ſur les caracteres génériques de cette plante, *Fig.* 1, *Pl.* 1.

Son port repréſente une maniere de ſous-arbriſſeau de figure pyramidale, garni de branches depuis le haut juſques vers ſon extrémité revêtue de pluſieurs côtes feuillées, plus ou moins chargées de feuilles, ſuivant que ces côtes ſont ſituées ſur la plante. Sa racine eſt groſſe de trois à quatre lignes de diametre, longue de plus d'un pied, dure, coriace & cordée, ondoyante, garnie de pluſieurs groſſes fibres étendues çà & là & un peu chevelues, couverte d'une écorce blanchâtre, charnue, qu'on peut facilement dépouiller de deſſus la partie interne dans toute ſa longueur. Cette ſubſtance charnue étant goûtée, a une ſaveur âcre & amere; le corps ſolide a moins de ſaveur, & toute la racine a une légere odeur tirant ſur celle du perſil.

De cette racine s'éleve immédiatement une ſeule tige, haute d'environ deux

(1) Mémoires de l'Académie Royale des Sciences, Année 1718, *page* 92.

pieds ou davantage, de la groffeur de la racine, droite, un peu ondoyante de nœuds en nœuds, dure & prefque ligneufe, couverte d'une écorce légérement gercée & rayée de fibres, de couleur gris-cendré vers le bas, verte dans le milieu, rougeâtre à l'extrémité, & fans apparence de moëlle en dedans.

Cette tige eft fouvent branchue depuis fa naiffance jufqu'aux deux tiers de fa hauteur ou plus, & les plus longues branches font ordinairement fituées vers le bas de la tige. Les branches & les épis des fleurs que porte cette plante, fortent pour l'ordinaire de l'aiffelle d'une côte feuillée, qui à fa naiffance forme une petite éminence en maniere de nœud; & chaque côte, felon fa longueur, eft garnie depuis cinq jufqu'à onze feuilles rangées par paires, à la réferve de celle qui termine la côte, laquelle feuille eft unique, & fouvent la plus petite de toutes celles qui ornent la côte.

Les plus grandes de ces feuilles font fituées depuis le commencement jufques vers le milieu de la côte : elles ont près d'un pouce de long fur cinq à fix lignes de large, & entre les petites il s'en trouve qui n'ont que le tiers de la grandeur des précédentes. Elles font toutes de figure ovale, liffes, douces au toucher & charnues. Leur couleur eft verd foncé en deffus, plus pâle ou blanchâtre en deffous, fillonnées ou quelquefois pliées en goutiere en deffus, & attachées par une queue fort courte, qui, en fe plongeant le long de la feuille, y diftribue plufieurs fibres latérales peu apparentes.

Depuis environ le tiers de la hauteur de la tige jufques vers l'extrémité, il fort de l'aiffelle des côtes, des épis de fleurs, longs de trois pouces, chargés de douze à quinze fleurs, alternativement rangées autour de l'épi. Chaque fleur commence à paroître fous la forme d'un petit bouton ovale, de couleur verdâtre, d'où fort par la fuite une fleur (*A*), qui étant ouverte & étendue a quatre ou cinq lignes de diametre, toujours compofée de cinq pétales ou feuilles difpofées en maniere de fleur en rofe, quelquefois plus ou moins foiblement teintes de couleur de pourpre, fur un fond verd blanchâtre. La plus grande de ces cinq pétales (*B*), fituée au-deffus des autres, eft à peu près ronde, légérement fillonnée dans le milieu, un peu recoquillée en dedans par les bords, terminée en pointe à fa partie fupérieure par une efpece d'aiguillon, & garnie d'un onglet à fa partie inférieure. Les deux feuilles inférieures (*C*), font de figure oblongue, échancrées, faifant chacune deux oreillettes vers leur naiffance, & creufées en cuilleron à leur extrémité. Les feuilles latérales (*D*), au nombre des précédentes, font les plus étroites, les plus pointues & les plus colorées d'entre les feuilles ou pétales de cette fleur. Le milieu de la fleur eft garni d'un piftil verd (*E*), relevé par la pointe & environné d'une gaîne membraneufe (*F*), de couleur verd blanchâtre, découpée à l'extrémité en huit lanieres en forme d'étamines (*G*), chacune terminée par un fommet de couleur verd jaunâtre. Cette fleur fort d'un calice en cornet verd pâle (*H*), découpé par le bord en cinq pointes, & foutenu par un pédicule fort court. La fleur n'a point d'odeur ; mais les feuilles de la plante étant froiſſées ou mâchées, ont une odeur & une ſaveur légumineuſe, ainſi que la fleur. Lorſque les pétales ſont tombées, le piſtil s'alonge peu-à-peu, & devient une ſilique cartilagineuſe (*I*), longue de plus d'un pouce, groſſe d'une ligne ou davantage, courbée en faucille, preſque ronde dans ſa circonférence, toutefois un peu applatie des deux côtés, ordinairement terminée en pointe, articulée dans toute ſa longueur, & laquelle étant mûre, eſt de couleur brune, liſſe & luiſante, rayée d'un bout à l'autre, tant ſur ſa partie convexe que dans ſa partie concave, d'une groſſe fibre de couleur brun-rougeâtre. Cette ſilique eſt blanchâtre en dedans, & contient ſix à huit graines renfermées dans des cellules (*L*), ſéparées par de petites pellicules ou cloiſons membraneuſes (*M*), blanchâtres, tranſparentes & rayées de fibres. Les graines (*N*), ſont en forme de petits cylindres, à-peu-près longues d'une ligne, inégalement rondes dans leur circonférence, applaties par les deux bouts, & de couleur griſâtre, ou quelquefois blanc-rouſſeâtre, fort dures & d'un goût légumineux. Ces graines produiſent d'abord deux feuilles ſimples (*O*), de figure ovale, auxquelles ſuccedent deux autres feuilles un peu plus grandes ; puis après paroiſſent les côtes feuillées.

Cette plante eſt annuelle ici : on dit qu'elle dure deux années & davantage dans les Indes occidentales, dans le Bréſil & au Mexique, où on la cultive en abondance, ainſi qu'on fait depuis long-temps dans l'Egypte. On ſeme ici cette plante ſur une couche au mois de Mars ; elle y fleurit en Juillet & Août, lorſque l'été eſt fort chaud : mais elle n'y porte de bonne graine que très-rarement, non plus qu'en pluſieurs autres endroits ; auſſi ne ſais-je aucun Botaniſte qui nous ait donné une exacte deſcription des fleurs & des fruits de cette plante, quoiqu'elle ſoit fort connue depuis long-temps par le grand uſage qu'on en fait, particulierement dans les teintures.

Par ce qui vient d'être dit, on voit qu'il n'eſt pas facile d'examiner toutes les parties qui caractériſent cette plante, qui ne vient bien que dans certains climats, ce qui apparemment eſt cauſe que les Botaniſtes qui en ont parlé, n'ayant pas eu occaſion de conſidérer attentivement ſes parties, ne conviennent pas du genre auquel cette plante appartient ; car les uns l'ont miſe ſous le genre de la *Colutea*, les autres ſous celui de *Glaſtum* ; & d'autres enfin, ſous le genre de l'*Emerus*, où en dernier lieu elle eſt employée dans les Inſtitutions Botaniques : genre auquel, en apparence, elle ſemble avoir plus de rapport qu'aux deux précédents, mais qui cependant ne lui convient pas, ainſi que nous allons le faire voir.

Par la deſcription que nous venons de lire, on peut donc reconnoître que les parties qui caractériſent l'Indigo, ſont différentes de celles de l'*Emerus*, en ce que premiérement, l'Indigo eſt une plante qui ne ſubſiſte pas long-temps, des feuilles de laquelle on tire des fécules à l'uſage des teintures, ce qu'on ne fait point des eſpeces de l'*Emerus*, qui ſont des arbriſſeaux fort ligneux & de très-longue durée.

Secondement, que l'Indigo porte une fleur dont les pétales s'étendent en maniere de fleur de rose, & dont le contour garde la proportion des fleurs, qu'on appelle *fleurs régulieres*; structure différente de la fleur de l'*Emerus*, dont les pétales sont ramassées en fleur légumineuse, & couvrent toujours le pistil.

Troisiémement, que les siliques de l'Indigo sont vraiment articulées, & qu'elles renferment chaque graine en particulier dans une cavité ou cellule exactement fermée par une pellicule membraneuse, rebordée, blanchâtre, luisante & rayée de fibres, laquelle se détache d'elle-même quand on ouvre la silique lorsqu'elle est mûre.

Cette pellicule ou cloison étant examinée de près, on voit qu'elle a la figure d'un disque environné dans sa circonférence d'un anneau membraneux, dont les bords s'élevent au-dessus des deux surfaces du même disque; au lieu que la silique de l'*Emerus* n'est point articulée, & que les graines y sont contenues sans aucune cavité ni membrane ou cloison qui les séparent entr'elles le long de la silique; ce qui doit faire conclure que l'Indigo ne peut être rangé dans les especes d'*Emerus*, ni sous aucun autre genre de plante connue: c'est pourquoi nous en constituerons un genre de plante nouveau, que nous appellerons *Anil* ou *Indigo*, nom que lui donnent presque toutes les Nations étrangeres qui le cultivent.

Fabrique de l'Indigo dans l'Isle de Malthe.

La fabrique de l'Indigo dans l'Isle de Malthe, décrite par Burchard (1) en 1660, est la seule qui, à notre connoissance, ait existé en Europe, & nous ignorons si elle y subsiste encore, ce que nous ne croyons pas. La description qu'en fait cet Auteur, n'est pas fort étendue; mais elle suffit pour constater ce fait, sa date, & en indiquer l'origine, qui paroît toute Asiatique, si on en juge par les termes de l'Art, employés par l'Auteur, & ceux que nous aurons occasion de rapporter, en parlant des fabriques de l'Asie. Voici ce qu'il en dit:

Il croît aussi dans ce pays (Malthe), une espece de *Glastum*, qui porte chez les Espagnols le nom d'*Anil*, & chez les Arabes & les Malthois, celui d'*Ennir*, d'où on tire une teinture dont l'usage est connu de toute l'Europe. (L'Auteur décrit ici la plante d'une maniere assez superficielle; mais au peu qu'il en dit, on ne peut méconnoître l'Indigo franc ou bâtard de Saint-Domingue, dont il sera amplement traité par la suite; puis il ajoute): Cette herbe est assez tendre la premiere année; la fécule qui en provient ne donne qu'une pâte imparfaite tirant sur le rouge, & trop massive pour se soutenir sur l'eau. L'Indigo de cette qualité s'appelle *Nouti* ou *Mouti*; mais celui de la seconde année est violet, & est si léger qu'il flotte sur l'eau. Il porte spécialement le nom de *Cyerce* ou de

(1) Chap. 6, *page* 23 & suiv. Edit. de 1660. Description de l'Isle de Malthe.

Ziarie

Ziarie. La troisieme année il décheoit de sa perfection ; sa pâte est lourde, d'une couleur terne & la moins estimée de toutes les especes. On appelle celle-ci *Cateld.*

On coupe la plante, & on la met dans les citernes ; puis on la charge de pierres, & on la couvre d'eau. On l'y laisse quelques jours jusqu'à ce qu'elle ait tiré toute la couleur & la substance de l'herbe ; on fait alors passer cette eau dans une autre citerne, au fond de laquelle il s'en trouve une autre plus petite ; on l'agite fortement avec des bâtons ; puis on la soutire peu-à-peu, jusqu'à ce qu'enfin il ne reste plus au fond que la lie ou la substance la plus épaisse, qu'on retire & qu'on étend sur des draps pour l'exposer ensuite au soleil. Dès qu'elle commence à prendre une certaine consistance, on en forme des boulettes ou des tablettes qu'on met à dessécher sur le sable ; car toute autre matiere en absorberoit ou en gâteroit la couleur : si la pluie vient par hasard à tomber dessus, elles perdent tout leur éclat. Quand l'Indigo est dans cet état, ils l'appellent *Aaliad.* Celui de la meilleure qualité est sec, léger, flottant sur l'eau, d'un violet brillant au soleil ; si on l'expose sur des charbons ardents, il donne une fumée violette, & laisse peu de cendres.

L'avantage de ceux qui font cet Indigo, consiste dans le secret qu'ils gardent sur ce procédé, dont ils font part à peu de personnes, quoiqu'il soit peu de chose en lui-même, craignant, s'ils le rendoient public, de perdre tout leur profit, comme il arrive souvent dans la plupart des choses qui ne sont estimées qu'à proportion de leur rareté.

En terminant cet article, je dois ajouter, pour la satisfaction du Lecteur, que j'ai planté de la graine d'Indigo franc de nos Isles, en pleine terre, dans un lieu de la Provence, situé sous le quarante-quatrieme dégré de latitude, & qu'elle y a très-bien levé. Mais le temps & la commodité m'ont manqué pour observer le reste de sa crue qui étoit déja assez avancée.

CHAPITRE TROISIEME.

Des Indigos & manipulations de l'Afrique.

AUCUN Auteur ne nous ayant jusqu'à présent donné de description détaillée des Indigos de ce continent, nous n'aurions rien ou très-peu de chose à en dire, si M. Adanson, de l'Académie des Sciences, n'avoit eu la complaisance de nous communiquer quelques-unes des observations qu'il a faites à ce sujet dans le Sénégal, où son zèle pour la Botanique & l'Histoire Naturelle, l'a attiré & retenu pendant cinq ans.

Cet illustre Académicien nous a dit avoir remarqué dans cette partie de l'Afrique, plusieurs plantes qui paroissent être de la famille des Indigoferes ; il a reconnu par nombre d'expériences auſſi curieuſes qu'intéreſſantes, dont nous devons eſpérer qu'il fera part au Public, que pluſieurs eſpeces ne donnoient qu'une teinture rouſſe plus ou moins forte, mais qu'il s'en trouvoit quelques autres, & ſur-tout une qui, travaillée ſuivant la méthode de nos Colonies, produit l'Indigo le plus magnifique, approchant de l'azur & toujours flottant, quelques efforts qu'il ait faits pour réuſſir à en tirer de l'Indigo cuivré. Cette eſpece vient fort bien dans les terreins ingrats & ſablonneux de ce pays. L'Indigo bâtard dont il avoit fait venir la graine de nos Colonies, ſemé à ſon côté, n'atteignoit qu'à la moitié de ſa hauteur, qui eſt celle d'un homme. Cette plante eſt d'ailleurs fort touffue; la feuille de couleur d'un verd bleu foncé qui en annonce toute la propriété, eſt d'environ un quart plus large que celle de l'Indigo franc de Saint-Domingue, ſur-tout vers le bout extérieur qui va en s'élargiſſant, & dont les bords rentrent un peu ſur eux-mêmes en ſe joignant au milieu de cette extrémité, directement à la pointe de la côte qui regne ſur toute la longueur de la feuille: l'arrangement des feuilles eſt d'ailleurs égal à celui des autres Indigos. La gouſſe une fois plus longue & beaucoup moins courbée que celle de l'Indigo franc, eſt jaunâtre & parchemineuſe comme celle des pois, c'eſt-à-dire, qu'elle eſt un peu ſouple & ne ſe caſſe point nettement comme celle de la précédente eſpece. Les graines à peu-près de la longueur de deux lignes & moitié moins groſſes, ſont rondes au milieu, ovales ou terminées en pointe d'œuf par les deux bouts, & jaunes. L'intérieur de cette plante eſt blanc; ſa tige eſt ſouple & ne ſe rompt point auſſi facilement que celle de l'Indigo de nos Colonies. On peut voir la forme à peu-près de ſa feuille & de ſa gouſſe ſur la *Pl.* 1, *fig.* 2 & 3, M. Adanſon ſe réſervant la ſatisfaction légitime de donner au Public une ample deſcription de toutes ces plantes. Les Negres du Sénégal appellent cette plante *Guangue*; leur maniere de la travailler eſt fort ſimple: ils arrachent avec la main la ſommité des branches de l'Indigo; ils pilent ce feuillage juſqu'à ce qu'il ſoit réduit en une pâte fine, dont ils compoſent de petits pains qu'ils font ſécher à l'ombre. Voilà en quoi conſiſte tout ſon apprêt, qui eſt à peu-près égal chez tous les Negres de l'Afrique.

François Cauche (1), rapporte que le bleu eſt la couleur qui plaît le plus aux Inſulaires de Madagaſcar: elle vient de l'arbriſſeau *Indigo*, ainſi le nomment les Portugais, qui l'appellent auſſi *Hevra d'Anir.* Il croît comme le Genêt, ayant ſemblables racines longuettes & étroites, la feuille approchant du Séné, mais plus large. Cette feuille a une côte au milieu, d'où il ſort de petites membranes qui s'étendent par ondes égales juſqu'aux bords.

Sa tige, de la groſſeur du pouce, n'a pas plus d'une aune de long. Lorſque l'arbriſſeau a trois ans, ſa fleur tire à la Jacée, & ſa graine au Fenouil: elle ſe recueille en Novembre, & ſe ſeme en Juin. Cette plante meurt au bout de trois ans, ou bien on la coupe après ce temps comme inutile.

(1) Relation de ſon Voyage à Madagaſcar, en 1636, *page* 149, *in*-4°.

Ce que l'Auteur dit ici de cette plante, doit s'entendre de quelqu'Indigo de l'Inde, ou des côtes de la Mer rouge, où il avoit été.

La deſcription qu'il fait de ſa fabrique, & les termes dont il ſe ſert, ſe trouvant tous ſemblables à ceux que nous avons rapportés au ſujet de l'Iſle de Malthe, nous nous diſpenſerons d'en faire le récit. Il ajoute enſuite : Le *Paſtel* ou *Anir* de Madagaſcar, a beaucoup de rapport à celui que nous venons de décrire. Le tronc & les branches de couleur verte, tirent ſur le bleu de même que les feuilles qui ſont ſemblables à celles des Pois chiches ; les fleurs d'un blanc jaunâtre, produiſent des gouſſes pendantes par floccons, leſquelles ſont pleines d'une ſemence noire ſemblable à nos lentilles. Les Madagaſcarois n'apportent pas tant de façons à tirer le Paſtel que les Orientaux ; ils pilent les feuilles avec leurs branches encore tendres, & en font des pains, chacun de la peſanteur de trois livres, qu'ils font ſécher au ſoleil. Lorſqu'ils veulent faire quelque teinture, ils en broyent une, deux ou trois livres, ſelon le beſoin, & en mettent la poudre avec de l'eau dans des pots de terre, qu'ils font bouillir un certain temps ; ils laiſſent enſuite refroidir la teinture, & ils y trempent leur coton ou leur ſoie, qui en étant retirés, deviennent d'un beau bleu foncé.

Il y a encore à Madagaſcar, ſuivant cet Auteur, une eſpece d'Indigo ou d'Anir, qui ne s'éleve pas comme l'autre, mais qui rampe à terre, & s'y attache par de petits filaments qui font autant de racines (1). Les feuilles ſont oppoſées deux à deux ; les branches s'élevent juſqu'à trois pieds, portant des rameaux longs d'un doigt, couverts de petites fleurs d'un pourpre mêlé de blanc, de la figure d'un caſque ouvert, & de bonne odeur. La plante de l'Indigo s'appelle en cette Iſle *Banghers*, & ſa pâte *Banghets* (2).

M. de Reine, ancien habitant de l'Iſle de France, connu par les ſervices qu'il a rendus à cette Colonie, pour y avoir procuré le Creſſon de fontaine, & pour y avoir introduit la culture du Manioc & de l'Indigo, m'a aſſuré que les Iſles de France & de Bourbon en produiſent une autre eſpece dont la feuille eſt plus large que celle de la Luzerne, & dont les coſſes plates, approchantes du Séné, ont à peu-près un pouce de longueur & 4 à 5 lignes de groſſeur ; on n'en fait aucun uſage en ces pays.

Nous aurions bien ſouhaité terminer cet article par la deſcription de l'Indigo qu'on cultive en Egypte, & par ſa fabrique en ce pays ; mais nous n'avons rien de précis à rapporter à ce ſujet.

Cæſar Lambert (3), dans la Relation de ſon voyage en Egypte, imprimée en 1627, nous dit que 15 ans auparavant, on alloit prendre beaucoup d'Indigo au Caire, d'où on le tranſportoit en Europe, & qu'actuellement on y en porte. Le Docteur Pococque, Evêque Anglois d'Oſſory, rapporte (4) qu'il vit ſur ſa

(1) Voyez *fig.* 4, *Pl.* 1.

(2) Hiſtoire générale des Voyages, Tome 32, *pages* 396, & Mandeſlo, *page* 206.

(3) La Relation de ce Voyage ſe trouve à la ſuite de celle de François Lauche. *in*-4°. ſeconde Partie, *page* 7.

(4) Abrégé des Voyageurs modernes, traduit de l'Abrégé Anglois, Tome 1, *page* 10.

route par eau de Rosette au Caire, la maniere de faire le bleu d'Indigo; avec une herbe appellée *Nil*. Le procédé est peut-être décrit dans l'original, mais nous n'avons pu le voir. M. Marchand, de l'Académie des Sciences, nous donne pour certain (1), qu'on cultive depuis long-temps en Egypte, la plante nommée *Indigo*.

Nous ajouterons à ceci, d'après Henri Midelton (2), qu'on fait de l'Indigo à Tayes & à Moussa, villes de la Mer rouge, entre Moha & Zennan; enfin Douton (3) nous apprend qu'on en fait à Aden.

CHAPITRE QUATRIEME.

Des Indigos de l'Asie, & de leur fabrique.

ENTRE les Auteurs qui ont traité des Indigos de l'Asie, il n'y en a aucun qu'on puisse comparer à ceux du Jardin Malabare & de l'Herbier d'Amboine; & nous nous serions bornés à ces deux Ouvrages, si Baldæus (4), Mandelslo (5), Schouten (6), & l'Auteur de l'Histoire générale des Voyages (7), ne nous paroissoient avoir décrit une espece d'Indigo différente de celles qu'on trouve dans les deux premiers. Il faut cependant convenir que les quatre derniers s'expriment d'une maniere si superficielle & si abrégée, qu'on ne peut décider si leurs descriptions ont pour objet la même plante ou non; c'est pourquoi nous rapporterons en deux mots ce que chacun en a écrit.

Baldæus, faisant la description des côtes de Malabar, dit: Il y a diverses especes d'Indigo suivant les différents endroits. C'est un arbrisseau de la hauteur d'un homme, avec une petite tige semblable au Mûrier des haies, ou à la Ronce d'Europe. La fleur est pareille à celle de l'Eglantier ou Rosier sauvage, & la graine ressemble à celle du Fenu-grec. L'espece la plus large croît près du village Chircées, dont on lui donne le nom, & à deux lieues d'Amadabat, capitale du Guzaratte.

Voici comme Mandelslo s'exprime:

Le meilleur Indigo du monde vient auprès d'Amadabat, dans un village nommé *Girchées*, qui lui donne son nom. L'herbe dont on le fait ressemble à celle

(1) Mémoires de l'Académie, année 1718, page 94.

(2) Cité dans Purchas, Chap. 11; verset 3, page 259.

(3) Dans le même Auteur (Purchas), Chap. 12, verset 2, page 281.

(4) Description des côtes de Malabar, comprise dans le sixieme Tome des Découvertes des Européens, page 322.

(5) Voyage aux Indes Orientales, à la suite du voyage d'Oléarius, Tome 2, page 228, in-4°. seconde Edit.

(6) Voyages des Indes Orientales, qui ont servi à l'établissement de la Compagnie des Pays-Bas, Tome 7, page 246.

(7) Au Chap. de l'Histoire Naturelle des Indes, Tome 44, page 328.

des

des Panais jaunes ; mais elle eſt plus courte & amere, pouſſant des branches comme la Ronce, & croiſſant dans les bonnes années juſqu'à la hauteur de ſix & ſept pieds. Sa fleur reſſemble à celle du Chardon, & ſa graine au Fenu-grec.

Gaultier Schouten, dit que ſa feuille reſſemble à celle des Panais blancs, ſa fleur au Chardon, & ſa graine au Fenu-grec.

L'Auteur de l'Hiſtoire générale des Voyages, dit au Chapitre de l'Hiſtoire Naturelle des Indes : Il croît de l'Indigo dans pluſieurs endroits de ces contrées. Celui du territoire de Bayana, d'Indoua & de Corſa dans l'Indouſtan, paſſe pour le meilleur. Il en vient auſſi beaucoup dans le pays de Surate, ſur-tout vers Sarqueſſe, à deux lieues d'Amadabat. On ſeme l'Indigo aux Indes après la ſaiſon des pluies. Sa feuille approche des Panais jaunes ; mais elle eſt plus fine. Il a de petites branches qui ſont de vrai bois. Il croît juſqu'à la hauteur d'un homme. Les feuilles ſont vertes pendant qu'elles ſont petites ; mais elles prennent enſuite une belle couleur violette tirant ſur le bleu ; la fleur reſſemble à celle du Chardon, & la graine à celle du Fenu-grec.

Cette plante, ainſi caractériſée, forme, comme on va le voir, une eſpece différente de celles qu'on trouve décrites dans le Jardin Malabare & dans l'Herbier d'Amboine. Nous ne pouvons cependant nous empêcher de témoigner ici notre ſurpriſe de cette omiſſion, qui nous paroît fort étrange de la part d'Auteurs ſi exacts dans leurs recherches, dont voici le détail.

Deſcription de l'Ameri ou *Neli* (1). *Par M.* RHEDE.

L'AMERI (2), qui en langue Brame, s'appelle *Neli*, eſt un arbuſcule de la hauteur de l'homme, dont les branches ſont fort écartées, & qui croît dans les endroits pierreux & ſabloneux. Sa racine eſt blanchâtre & couverte de fibres épaiſſes.

Sa ſouche eſt groſſe comme le bras & d'un bois dur. Ses feuilles attachées ſur de petites côtes qui ſortent parallélement des branches, ſont renflées pardeſſus & cannelées par-deſſous : elles viennent ſur deux rangs, les unes vis-à-vis des autres. Elles s'appuient ſur des pédicules au nombre de cinq à ſept paires de ſuite, avec une ſeule au bout ; elles ſont petites & de forme ronde oblongue, avec les bords des deux extrémités arrondis. Leur tiſſu eſt fin & ſerré, & leur ſurface unie & très-douce. Elles ont au milieu du revers une petite côte, d'où il en ſort quelques autres aſſez remarquables. Leur couleur eſt d'un verd bleuâtre foncé par-deſſus, clair par deſſous & ſombre des deux côtés : elles ont un goût amer & piquant quand on les a mâchées quelque temps. Du pied des côtes qui portent les feuilles, ſortent d'autres petites côtes qui pouſſent un paquet ou un

(1) Jardin Indien Malabare, Tome 1, *page* 101, *fig.* 54.
(2) Voyez *fig.* 1, *Pl.* 2.

épi de plusieurs petites fleurs semblables à celles des féves, composées de quatre feuilles, dont l'une de couleur verte, & de la figure d'un onglet crochu, est terminée par une pointe en forme de griffe. Les deux feuilles qui embrassent l'onglet sont étroites, minces & droites vers leurs bords intérieurs, qui sont d'une couleur de rose foncée. La quatrieme qui est située en face de la courbure de l'onglet, est oblongue assez large, mince, lavée de verd & retournée en dehors, du côté du pédicule commun à toutes les fleurs, qui n'ont aucune odeur. Il s'éleve de leur milieu un pistil verd, creusé en forme d'étui, dans lequel est renfermé un petit filament qui sort du germe de la silique. Ce pistil attaché vers la partie creuse par un filet, se divise vers le haut en petites & fines étamines garnies de petites pointes blanches.

Le calice qui renferme les feuilles des fleurs, est composé de cinq feuilles vertes & pointues. Le bouton des fleurs est de figure ronde oblongue, & un peu applatie du côté le plus large, par lequel il commence à s'ouvrir.

A la chûte de ces fleurs, succedent de petites siliques longues à peu-près d'un pouce, droites, assez rondes & serrées de près sur la côte où elles sont attachées par de petits pédicules. Ces siliques sont d'abord vertes, & enfin d'un rouge foncé en brun; chacune d'elles est renfermée du côté de son pédicule, dans le calice à cinq feuilles.

Le semences d'un rond oblong, sont couchées dans leur longueur, conformément à celle de la silique: elles sont dans le temps de leur maturité d'un brun brillant.

Cet arbuscule fleurit deux fois par an, savoir: une fois dans la saison des pluies, & une autre dans celle de l'été.

Il est inutile de rapporter ici que l'Anil sert à faire l'Indigo, parce que personne n'en doute; mais les Auteurs sont peu d'accord sur la classe de cette plante. C. Bauhinus la range avec l'*Isatis pinacée*, ou avec le *Glastum*, à la famille duquel il dit qu'elle appartient. Dans un autre endroit, Liv. 9, Sect. 3, Chap. des *Haricots* de l'Inde, il décrit ainsi sa silique: La silique & la semence qui est enveloppée dans ce parchemin, sort de l'herbe Anil, qui n'est point une espece de Glastum, mais un légume.

M. Hermans nous a envoyé de Ceilan, une plante dont les fleurs sont petites, d'un pourpre mêlé de blanc & d'une odeur agréable, laquelle est vraisemblablement celle que Pison appelle *Banghets*, dans son Histoire de Madagascar, avec les feuilles de laquelle on fait l'Anil ou l'Indigo; mais l'Indigo de Ceilan est moins bon & moins estimé que celui qu'on apporte de Malabare & du Coromandel à Négapatan. Les Cingalais l'appellent *Awari*.

Description du Colinil (1). *Par M.* RHEDE.

LE Colinil (2), qui en langue Brame, s'appelle *Schéra-Puncà*, est un petit arbuscule haut de deux ou trois pieds.

Sa racine, couverte d'une écorce fibreuse, d'un blanc rousseâtre, est d'un goût amer & tant soit peu âcre. L'intérieur en est ligneux, blanchâtre & sans odeur; elle pousse une souche de la grosseur de quatre doigts, & des branches fort écartées. Cette souche est d'un bois dur; & son écorce de couleur cendrée entremêlée de verd, a un goût amer & piquant. Ses petites feuilles de figure ronde oblongue, viennent sur de menues côtes angulaires & vertes, où elles sont attachées par de petits pédicules. Les bords des feuilles sont ronds par le bout; puis ils s'élargissent considérablement en cette partie, & ils se rapprochent en ligne droite de leur petit pédicule. Le dessus de ces feuilles est d'un verd foncé ordinaire, & le dessous d'un verd bleuâtre, l'un & l'autre sans éclat. Elles ont un goût un peu âcre, amer & piquant quand on les a mâchées trop longtemps. Elles ont une petite côte qui regne particuliérement dessous toute leur longueur, du travers de laquelle il sort de petites veines droites & obliques, qui, par une ligne parallele, vont se réunir aux bords, & dont le prolongement se voit en dessus comme en dessous, leur division se faisant, quand on le rompt, suivant le trait angulaire des veines qui se réunissent à la côte du milieu. Le goût de ces côtes est, comme celui des feuilles, amer & piquant.

Ses petites fleurs, semblables à celles des féves, consistent en quatre feuilles, dont l'une ayant la figure d'un petit onglet fermé & très-courbé, est terminée par une pointe qui fait le crochet. Cette feuille est d'un verd blanchâtre; les deux autres qui ont leur bord intérieur droit, sont, du côté qu'elles embrassent l'onglet, d'une couleur de rose foncée. La quatrieme de ces feuilles s'élargit en faisant face à l'onglet du côté qu'il est courbé & ouvert: elle embrasse d'abord les feuilles des deux côtés avec l'onglet; mais lorsque la fleur est ouverte, elle se renverse en dehors, & se courbe vers la tête du pédicule qui soutient la fleur.

Le pistil est verd & creusé en forme d'étui; il embrasse un filament verd qui sort du germe de sa silique. Ce pistil est divisé en haut, en petites & fines étamines qui sont garnies de petites pointes jaunes, & il est bouché au fond de la partie concave, par un petit filet dégagé, terminé par une petite pointe jaune. A la chûte des fleurs, succedent des siliques oblongues, étroites, fines, plates, polies, un peu relevées par le bout, & longues de deux à trois pouces. Ces siliques sont d'abord vertes; mais elles deviennent rouges à leur maturité.

Les semences ou féves qu'elles renferment, sont séparées les unes des autres

(1) Jardin Indien Malabare, Tome 1, *page* 103, *fig.* 55.
(2) Voyez *fig.* 2, *Pl.* 2.

par la substance propre de la silique. Elles sont d'un rond oblong, plates & étendues dans leur longueur selon celle de la gousse. Elles ont un umbilic par lequel elles sont attachées au ventre de la silique : elles sont vertes au commencement, & ensuite noirâtres.

Excepté le temps où les siliques sont vertes, on observe que les graines du Nouthi (1) sont velues, assez dures, percées d'un trou par en haut, creuses en dedans, & qu'elles sont souvent appuyées sur un pédicule.

Cette plante porte fleurs & fruits deux fois par an, savoir : dans la saison pluvieuse & dans celle de l'été.

Elle paroît avoir un grand rapport avec la précédente par plusieurs de ses parties ; c'est pourquoi nous pensons qu'on peut, sans inconvénient, lui donner le nom de *Polygala moyenne des Indes, à siliques recourbées*. Mais je n'ose, malgré la vraisemblance, assurer qu'on en fasse de l'Indigo, & encore moins que ce soit le Banghets de Madagascar, auquel on attribue une odeur très-agréable, tandis que l'autre n'en a aucune. Hernandes & Recchius, dans leur Histoire du Mexique, Liv. 4, font aussi la description de deux plantes qui servent à teindre en bleu, à l'une & l'autre desquelles ils donnent le nom de *Xi-huiquilitl pitzahac*, ou d'*Anir à petites feuilles*, & ils appellent la pâte bleue ou l'Indigo qu'on en retire, *Mohuitli*, & *Tlevohuitli*. Aucune de ces deux plantes ne cadre avec la derniere dont on a donné ici la description ; mais celle dont on a parlé auparavant, paroît se rapporter au *Caachira second* de Pison.

Description du Tarron (2).

PERSONNE, autant que je le puis savoir, n'a encore décrit exactement l'Indigo *Tarron* (3). Ceux qui ont été à Guzaratte, & qui ont vu croître cette plante dans les champs, l'ont comparée tantôt au Romarin, tantôt à d'autres plantes. Je ne doute point que ce ne soit la même plante que les Malayes appellent *Tarron*, qu'elle n'ait la forme de celle qu'on voit à Amboine, dont la semence étrangere a été apportée ici, & sur laquelle je me suis réglé pour en faire la description.

On en rencontre ici (à Amboine) deux especes : La premiere, ou la plus commune est domestique ; l'autre que je n'ai point encore vue, est sauvage. La premiere est une plante très-belle, très-élégante, & dont la forme a la même grace que celle du Romarin. Elle croît jusqu'à la hauteur de trois pieds & plus dans un bon terrein. Elle ne pousse qu'une seule souche grosse comme le doigt, droite, ferme & ligneuse. Son écorce est d'une couleur rousse entremêlée de verd. Elle s'étend fort vîte en jettant de tous côtés des branches de la grosseur

(1) Nom du Pays qui paroît commun à toutes les plantes de cette espece, & à la pâte qu'on en retire.

(2) Extrait de l'Herbier d'Amboine, par Georges Evrhard Rumphe, cinquieme Partie, Chap. 39, *page* 220.

(3) Voyez *fig.* 1, *Pl.* 3.

grosseur d'un tuyau de froment, qui sont fermes & solides ; ces branches poussent sur leurs côtés de petits rameaux ou côtes un peu plus longues que le doigt, auxquelles sont attachées six, sept, huit, & rarement neuf ou dix paires de feuilles directement opposées les unes aux autres avec une impaire à l'extrémité. Ces feuilles ressemblent parfaitement à celles de la Caméchrista, ou du Tamarin; mais elles sont plus petites & arrondies, à-peu-près comme celles de la Faucille. Elles sont tendres & unies, mais sans éclat; d'une couleur de bleu de mer, approchant du fer bronzé, & agréable à la vue. Ces feuilles ont chacune un court pédicule avec lequel elles s'appuient sur la côte ou rameau. Si l'on vient à le rompre, elles se resserrent & se ferment assez facilement; mais elles s'ouvrent & se déplient aussi-tôt qu'on les met dans l'eau.

A chaque aisselle de ces côtes feuillées attachées aux branches, il sort une grappe en forme d'épi, composée de plusieurs petites têtes pointues, qui en s'ouvrant présentent des fleurs semblables à celles de la Vesse, mais plus petites, composées de quatre petits pétales, dont le plus élevé & aussi le plus large, est courbé en arriere : ces pétales sont d'un jaune pâle ou verdâtre ; ceux des deux côtés tirent un peu sur le rose, & recouvrent l'inférieur ou le quatrieme par leur pointe en forme de crochet. Peu de ces fleurs s'éclosent à la fois, & elles tombent bien-tôt sans donner aucune odeur.

A ces fleurs, succedent de petites siliques rondes & noueuses, à peu-près de la longueur d'un tiers de doigt, de la grosseur tout au plus d'un tuyau de froment, dures & tournées en haut. Elles viennent plusieurs ensemble, & forment comme une grappe qui seroit remplie de queues de scorpion. D'abord elles sont vertes, elles brunissent ensuite, & deviennent enfin noirâtres. Ces siliques renferment des graines semblables à celles de la Moutarde ; mais au lieu d'être exactement rondes, elles ont la forme d'un tambour, comme le Fenu-grec, & sont d'un verd noirâtre.

Quoique les feuilles dont nous avons donné la description, soient douces au toucher, elles ne s'humectent point dans l'eau. Celles qui sont détachées & pliées, s'ouvrent de rechef après avoir trempé un demi-jour dans l'eau, & conservent toute leur fraîcheur jusqu'au troisieme jour.

Sa racine s'étend beaucoup & est très-ferme en terre, parce qu'elle pousse beaucoup de petites fibres garnies de tubercules blanchâtres. Toute la plante étant sur pied dans les champs, répand sur le soir, une forte odeur. Les feuilles ont un goût fade & dégoûtant ; mais il n'est point amer comme quelques-uns l'ont dit ; & quand elles ont macéré dans l'eau pendant trois ou quatre jours, elles répandent une odeur désagréable & de pourriture : cette odeur augmente par la chaux qui entre dans la préparation de sa pâte, dont le travail est aussi difficile que désagréable.

Son nom latin est *Isatis Indica* ; mais cette plante desséchée & la pâte qu'on en tire pour en former des gâteaux, s'appellent vulgairement *Indigo*. Les Portugais lui donnent auſſi ce nom. Les Arabes appellent cette plante *Nil* & *Anil*; ſes feuilles *Chitz* & *Wasmat*; la pâte & les gâteaux *Nilag*. Chez les Perſes elle porte le nom de *Nila*; chez les Malayes, *Tarron*; à Banda, *Tenaron*; à Java, *Tom*; à Baleya, *Tahum*; à Ternate, *Tom*; à Mandao & à Siauwa, *Entu*; à la Chine, *Tschen*, qui ſignifie puits; dans le Guzaratte, *Gali*. L'Auteur du Jardin Malabare, Tome 1, *fig.* 54, dit que les Malabares l'appellent *Améri*; & les Brames, *Neli*.

Cette plante tire ſon origine de Cambaye ou du Guzaratte, particuliérement d'un village nommé *Chirches*, qui eſt éloigné de deux milles d'Amadabat: ſon vrai nom eſt *Tsjirtsjes*, & l'Indigo de la plus belle eſpece porte ce ſurnom. On cultive auſſi cette plante en d'autres Provinces de l'Indoſtan, de même qu'à la Chine, à Java, à Baleya, & dans preſque toutes les Iſles des baſſes Indes habitées par les Chinois, qui ont tranſporté la graine de cette plante aux Moluques & à Amboine, d'où les Eſpagnols l'ont tirée pour l'introduire dans les Iſles de l'Amérique, où il en croît une grande quantité.

On rencontre dans le Guzaratte, une eſpece d'Indigo ſauvage, nommé *Guinguai*, dont il paroît qu'on mêle les feuilles avec celles du précédent; le reſte de ce travail m'eſt inconnu.

Georges Rumphe ajoute: Les deux eſpeces d'Indigo décrites par Guillaume Piſon, dans ſon Hiſtoire Naturelle du Bréſil, Liv. 4, Chap. 39, ſous le nom de *Caachira*, ont peu de rapport à celui des Indes Orientales, ſi ce n'eſt celui de la ſeconde eſpece, ou l'Indigo rampant, qui vient auſſi en quelques endroits des Indes Orientales, ſur-tout à Mandano; mais je ne l'ai point encore vu. Cette plante qui croît ſur les côtes du Bréſil, eſt ſans doute celle que les Portugais appellent *Anir* ou *Anil*. L'Auteur de l'Herbier d'Amboine en fait ici une courte deſcription; mais nous ne la rapporterons point, parce que nous en traiterons amplement à l'article des Indigos du Continent de l'Amérique. Nous obſerverons ſeulement que François Cauche en fait auſſi mention dans ſa Deſcription des Plantes de Madagaſcar.

Guillaume Piſon rapporte, que ſelon Jules Scaliger, *Nil* ou plutôt *Nir*, ſignifie en langue Arabe le bleu auquel les Eſpagnols ont donné le nom d'*Anir* & d'*Anil*. Scaliger ajoute que les Arabes appellent auſſi la plante de l'Iſatis, *Nil*.

Garcias *ab Horto*, Liv. 2, Chap. 26, dit que la plante à laquelle les Arabes, les Turcs & pluſieurs autres Nations ont donné le nom d'*Anil*, & quelquefois celui de *Nil*, s'appelle *Gali*, dans les Fabriques du Guzaratte.

Herbelot, dans ſa Bibliothéque Orientale, au mot *Nil*, *page* 672, 6, dit que les Perſiens & les Turcs appellent *Nil*, la plante que les Grecs & les Latins nomment *Iſatis* & *Glaſtum*, dont le ſuc fait la couleur bleue ou violette, que nous appellons vulgairement *Indic* ou *Indigo*, & par corruption *Annil* au lieu de *Al-Nil*, qui eſt le mot Turc avec l'article Arabe *Al*.

LA maniere de travailler cette herbe, n'est point uniforme dans l'Asie; & il n'est pas rare de voir les Fabriques d'un même canton, différer considérablement entr'elles: ce que les Auteurs en disent ne nous laisse aucun doute à ce sujet. Parmi ces diverses pratiques, à la multiplicité desquelles la fantaisie a peut-être eu autant de part que la nature de la plante, on en remarque deux principales, dont les produits se distinguent par les noms d'*Inde* & d'*Indigo*. La manipulation de l'Inde differe essentiellement de celle de l'Indigo, en ce qu'on ne met que les feuilles de la plante à infuser dans l'eau pour obtenir l'Inde; au lieu qu'on met toute l'herbe, excepté sa racine, à macérer à peu-près de la même maniere pour avoir l'Indigo. Outre ces deux procédés, fort variés dans leurs circonstances, il y en a encore un autre usité dans les Indes, qui consiste dans la seule trituration & humectation des feuilles de cette plante, dont on forme une pâte ou espece de pastel, qui porte aussi le nom d'*Inde*. Quantité d'Auteurs nous ont donné des descriptions de la Fabrique de l'Indigo & de l'Inde dans l'Asie. Dans ce nombre, il s'en rencontre quelques-unes de très-exactes; mais il y en a d'autres où l'on trouve des omissions si essentielles, surtout à l'égard de la manipulation de l'Inde, que l'exécution en paroîtroit comme impraticable, si l'on ignoroit ce que les premieres renferment d'important à ce sujet. Ainsi il n'est point surprenant que quelques Auteurs, traitant de la Fabrique de l'Indigo de nos Colonies, nous ayent donné à penser que l'Inde & l'Indigo se fabriquoient tous deux de la même maniere, & que leurs différents noms ne devoient s'admettre que pour distinguer les qualités de cette denrée ou le lieu de sa Fabrique. Mais comme indépendamment de ces négligences, auxquelles il est aisé de suppléer, on trouve presque toujours dans ces descriptions quelque détail étranger aux autres, & souvent très-instructif; nous nous servirons indifféremment de toutes celles qui nous paroîtront propres à nous instruire sur ces différents travaux.

La description que M. Tavernier a faite de la Fabrique de l'Inde, ayant donné sujet aux soupçons dont on a parlé ci-dessus, nous avons jugé devoir commencer par rapporter ce que cet Auteur en a écrit. Voici comme il s'exprime:

Les habitants de Sarquesse, village à 80 lieues de Surate, & proche d'Amadabat, après avoir coupé cette herbe, dans le temps que les feuilles s'en détachent aisément, la dépouillent de tout son feuillage, & le mettent à infuser dans une certaine quantité d'eau qu'on verse dans un vaisseau nommé la *Trempoire* (*A*), *fig.* 4, *Pl.* 4, où ils le laissent pendant 30 ou 35 heures; au bout de ce temps, ils font passer cette eau, qui est chargée d'une teinture verte tirant sur le bleu, dans un autre vaisseau nommé la *Batterie* (*B*), *fig.* 4, *Pl.* 4, où ils font battre cet extrait pendant une heure & demie, par quatre forts Indiens, agitant des cuilleres de bois, dont les manches de 18 à 20 pieds de long, sont posées sur des chandeliers à fourche.

Pour éviter d'employer à ce travail plusieurs hommes, ils se servent, en quelques endroits, d'un gros rouleau (*R*) *fig. 6*, *Pl. 5*, de bois, taillé à six faces des deux bouts duquel sortent des aissieux de fer qui tournent sur des collets de même matiere, enchassés dans les deux côtés de la batterie (*B*), *fig. 6*, *Pl. 5*.

Aux deux faces inférieures, près les dessous de ce rouleau, sont attachés six sceaux (*G*), *fig. 6*, *Pl. 5*, en forme de pyramide renversée & ouverte par en bas. Un Indien (*I*), *fig. 6*, *Pl. 5*, remue continuellement ce rouleau à l'aide d'une manivelle fixée à un de ses aissieux; ensorte que trois sceaux s'élevent d'un côté, tandis que trois s'abaissent de l'autre: continuant toujours de la même façon jusqu'à ce que cette eau soit chargée de beaucoup de mousse. Ils jettent alors avec une plume sur cette écume tant soit peu d'huile d'olive. Ils emploient pour ces aspersions environ une livre d'huile sur une cuve qui peut rendre 70 livres d'Inde.

Aussi-tôt que cette huile est jettée sur l'écume, elle se sépare en deux parties, à travers lesquelles on apperçoit quantité de petits grumeaux, comme ceux qui se voient dans le lait tourné. On cesse pour lors le battage de l'extrait; & quand il a assez reposé, on débouche le tuyau (*T*) de la batterie (*B*), *fig. 6*, *Pl. 5*, afin d'en écouler l'eau qui est claire, & en retirer la fécule qui reste au fond de ce vaisseau en forme de boue ou de lie de vin: l'ayant retirée, ils la mettent dans des chausses de drap (*Z*), *fig. 1 & 2*, *Pl. 5*, pour en faire sortir le peu d'eau qui pourroit s'y trouver; après quoi ils renversent la matiere dans des caisses (*A*), *fig. 3*, *Pl. 5*, d'un demi-pouce de haut pour la faire sécher. Cette matiere une fois séche, est ce que les Marchands Droguistes de Paris appellent *Inde*.

Dans les pays où l'on observe cette méthode, l'Inde de la premiere cueillette passe, suivant cette Relation, pour la meilleure. Celui de la seconde est moins beau, & ainsi des autres; la couleur du premier étant d'un violet plus vif & plus brillant que celui des coupes suivantes. Voici ce qu'on objecte à cet Ecrit. Quelle apparence y a-t-il, que des hommes dont l'indolence est extrême, s'amusent à éplucher les feuilles de chaque plante? Quel temps ne faudroit-il pas pour remplir une cuve de feuilles moins grandes que celles de notre Bouis d'Europe? Supposant même que la chose puisse s'exécuter, est-on certain du succès de la dissolution? Toutes les feuilles entassées les unes sur les autres, ne feroient-elles pas un mastic capable d'empêcher l'eau d'y pénétrer? Mille Indiens pourroient-ils couper & éplucher assez d'herbe pour remplir une cuve capable de rendre 70 livres d'Inde? On ne dira pas qu'au lieu d'un jour on en mettroit trois; puisque la premiere herbe seroit tellement rôtie au soleil, qu'elle se pulvériseroit au moindre attouchement.

Ces réflexions seroient sans replique, s'il étoit indispensablement nécessaire d'employer ces feuilles toutes fraîches pour en tirer parti; mais il s'en faut de beaucoup que les choses soient ainsi: pour s'en convaincre, il suffit de jetter les yeux sur la description suivante.

Maniere

Maniere de semer, de cultiver & d'extraire la couleur de l'herbe nommée Indigo, *dans les pays de l'Orient, voisins du Tsinsai, entre les côtes de Coromandel & de Malabare, par* HERBERT DE JAGER. (1).

LES terrains trop gras & trop humides, ne conviennent pas à l'herbe qu'on appelle *Indigo*; car, ou il pousse trop vîte & n'est rempli que d'un suc aqueux, ou il est étouffé par les mauvaises herbes. C'est pourquoi on choisit pour le cultiver, les pieces de terre les plus élevées, & qui ne sont pas sujettes à trop de pluie, ou à de trop fortes rosées. On recherche de préférence les fonds, dont une partie de bonne terre soit mêlée avec deux de sable: il vient même dans le sable pur, aux environs de *Devenapatan*; mais il ne profite pas si bien. Lorsque les pluies du mois de Septembre commencent à tomber, on laboure une ou deux fois la terre avec la charrue, & après cette façon on la laisse reposer jusqu'au mois de Décembre; on repasse alors la charrue, & au premier beau temps on jette la semence dans les sillons, & on les applanit avec la herse. Lorsqu'après les sarclaisons convenables, l'herbe vient à porter fleurs & graines, ce qui arrive vers le mois de Février, & que ses feuilles commencent à jaunir, on la coupe de maniere qu'il reste encore aux branches qu'on laisse sur la souche, une palme de hauteur, au moyen de quoi elle repousse aux premieres pluies favorables, & fournit au bout de trois mois la matiere d'une seconde coupe, qui, étant faite comme la premiere, est suivie d'une troisieme, après laquelle on la laisse pousser pour en recueillir la graine, qu'on fait sécher, afin qu'elle soit propre à être mise en terre dans le temps convenable. Enfin on brûle la plante comme incapable d'une nouvelle reproduction, & on en répand les cendres sur les champs en guise de fumier.

On ne coupe l'herbe que d'un beau temps, afin de pouvoir l'exposer au soleil depuis le quart du jour jusqu'à quatre heures après-midi, & la faire dessécher parfaitement: on la bat ensuite jusqu'à ce que les feuilles se détachent toutes de leur pédicule, & on les ramasse dans un lieu à l'abri du vent, où elles restent jusqu'à ce qu'il fasse un temps assez calme pour qu'on puisse de nouveau les faire sécher au soleil & les réduire en pieces avec des bâtons; quand elles sont en cet état, on les porte dans une aire, renfermée de tous côtés; on les couvre de clayes & de nattes, & on les conserve ainsi pendant vingt ou trente jours. On les met ensuite dans des chaudieres, où l'on verse de l'eau douce ou salée; car cela est indifférent. On expose ces chaudieres à l'ardeur du soleil; depuis dix heures du matin jusqu'à deux heures après-midi. Les feuilles commencent alors à s'enfler, & il s'éleve une écume d'une légere couleur de pourpre. On filtre la teinture à travers un drap bien net. On verse ensuite de l'eau sur les feuilles qu'on a eu soin de serrer fortement avec les mains; & on réitere ce travail, jusqu'à ce que l'eau ne paroisse plus teinte en verd. Après quoi on bat ces tein-

(1) Mélanges curieux, ou Ephémérides de l'Académie des Curieux de la Nature. Décurie seconde, Année seconde, 1683, à Nuremberg. Observation 4.

tures à différentes reprises à peu-près de la même maniere qu'on bat le beurre en notre pays, jusqu'à ce que l'écume, qui est en commençant d'un violet clair, devienne toute bleue, & que l'eau soit presque noire. On la laisse ensuite reposer pendant deux heures, lequel temps passé, on l'agite deux ou trois fois avec une palette; on couvre le vase d'un drap, & on n'y fait plus rien jusqu'à ce que la matiere épaissie, qui est de véritable Indigo, soit toute déposée au fond. Le lendemain vers les huit heures du matin, on sépare le sédiment d'avec l'eau, qui a pour lors une couleur roussâtre. On remue deux ou trois fois ce sédiment avec les mains, & on le transporte sur un lit de sable, un peu en pente vers le milieu, couvert d'un drap mouillé qui a déja été exposé pendant deux heures aux plus forts rayons du soleil, & on le répand sur ce drap; par ce moyen l'eau s'échappe & abandonne ce qui est le plus épais, dont la superficie se couvre d'une pellicule tirant sur le pourpre; & afin que la matiere prenne de la consistance, on la laisse ainsi environ deux heures, c'est-à-dire, jusqu'à ce qu'elle commence à se fendre. On prend alors les coins du drap, & on le plie en deux, afin de doubler l'épaisseur de la matiere; on la rompt avec les mains, on la met dans une chaudiere, & on la pétrit bien avec les mains qu'on trempe auparavant dans l'eau; puis on en fait des gâteaux, qui, étant parfaitement secs, se vendent enfin de tous côtés comme un Indigo de toute beauté, propre aux différents usages de la peinture & de la teinture des draps en bleu.

Maniere de cultiver & de préparer l'Indigo dans le Guzaratte. Par Baldœus (1).

ON seme l'Indigo en Juin & Juillet, & on en fait la récolte aux mois de Novembre & de Décembre.

L'espece la plus large croît près de Chircées, village dont on lui donne le nom, à deux lieues d'Amadabat, capitale du Guzaratte. On le recueille trois fois en trois ans; après quoi il n'est plus que de très-peu de valeur, & même la seconde & la troisieme récolte ne sont pas autant estimées que la premiere. La premiere année on coupe les feuilles environ à un pied au-dessus de la terre, on les fait sécher vingt-quatre heures au soleil, & on les met ensuite dans de petits vaisseaux remplis d'eau salée. On charge de grosses pierres cette mixtion pendant quatre ou cinq jours, en entretenant toujours l'eau dans un mouvement continuel; après quoi on la transporte dans des vaisseaux plus grands, où on la tient aussi dans l'agitation, en foulant l'eau sans intermission, jusqu'à ce qu'elle commence à devenir épaisse, & que l'Indigo tombe au fond. Alors on le tire de l'eau: on le fait passer au travers d'une toile claire, & on le couvre de cendres chaudes pour le faire sécher. Les gens de la campagne l'alterent par de l'huile, ou avec de la terre de la même couleur, pour qu'il paroisse meilleur sur l'eau.

Les marques de la bonté de l'Indigo, sont quand il est brillant & sec, qu'il

(1) Description des côtes de Malabare, comprise dans le sixieme Tome des Découvertes des Européens, *page* 322.

nage sur l'eau, qu'il donne une fumée de couleur violette en le mettant au feu, & qu'il ne reste que très-peu de cendres. Il faut laisser reposer la quatrieme année le terrein qui a produit l'Indigo, que le peuple de Guzaratte nomme *Amiel de Biant*. Il vient particuliérement dans les saisons pluvieuses de Juin, Juillet, Août & Septembre, quoique l'excès de la pluie lui soit pernicieux. Il faut avoir grand soin que le terrein des environs soit nettoyé de Chardons & de Ronces ; & les Acheteurs doivent bien prendre garde qu'il soit très-sec, autrement ils perdent trois livres sur dix en huit ou neuf jours.

L'Indigo *Laura*, ou *Indigo de Bayane*, est de trois especes différentes. La premiere qui s'appelle *Vouthy*, est d'un bleu brillant, & tire sur le violet, quand on l'exprime au soleil sur l'ongle du pouce. La seconde, nommée *Gerry*, est d'autant plus estimée, qu'elle approche plus de la couleur violette. Enfin la troisieme, appellée *Cateol*, est la moindre de toutes : la couleur en est d'un rouge obscur ; & elle est si dure, qu'à peine peut-on la broyer.

Description de la culture de l'Indigo, & de sa Fabrique à Girchées, près d'Amadabat. Par Mandeslo (1).

LE meilleur Indigo du monde vient auprès d'Amadabat, dans un village nommé *Girchées*, qui lui donne son nom. Il croît dans les bonnes années jusqu'à la hauteur de six à sept pieds.

La graine de cette plante se met en terre au mois de Juin, & on la coupe en Novembre & Décembre ; on ne la seme que de trois ans en trois ans. La premiere année on la coupe à un pied de terre ; on en ôte le bois, & l'on met les feuilles sécher au soleil ; après quoi on les fait tremper dans une auge de pierre, où l'on met six ou sept pieds d'eau, que l'on remue de temps en temps, jusqu'à ce qu'elle ait attiré la couleur & la vertu de l'herbe. On fait ensuite couler l'eau dans une autre auge, où on la laisse rasseoir une nuit. Le lendemain on en tire toute l'eau ; on passe par un gros linge ce que l'on trouve au fond, on le met sécher au soleil, & c'est le meilleur Indigo. Mais les paysans le falsifient en y mêlant une certaine terre de la même couleur ; & d'autant que l'on juge de la bonté de cette drogue par sa légéreté, ils ont l'adresse d'y mêler un peu d'huile pour la faire nager sur l'eau.

L'herbe vient bien la seconde année aux troncs que l'on a laissés à la campagne ; mais elle n'est pas si bonne que celle de la premiere année. Néanmoins on la préfere au *Gingey*, c'est-à-dire, à l'Indigo sauvage. C'est aussi dans la seconde année qu'on en laisse monter une partie pour en recueillir la graine. Celle de la troisieme année n'est pas bonne ; & ainsi n'étant point recherchée par les Marchands étrangers, ceux du pays l'employent à la teinture de

(1) Extrait du Voyage de Jean Albert Mandeslo, aux Indes orientales, incorporé dans la Relation du Voyage d'Adam Oléarius en Moscovie, Tome 2, seconde Edition, *page* 228.

leurs toiles. La couleur du meilleur Indigo tire ſur le violet, & il ſent auſſi la violette quand on le brûle. Les Indoſtans l'appellent *Anil*, & laiſſent repoſer la terre un an, avant d'y en ſemer de nouveau.

Deſcription de la culture de l'Indigo, & de ſa manipulation dans le Guzaratte. Par Wan-Twiſt (1).

Premier Extrait de l'Herbier d'Amboine.

APRÈS avoir recueilli les feuilles de la premiere récolte de l'Indigo, on les expoſe pendant le jour au ſoleil pour les faire ſécher; & lorſqu'elles ſont ſéches, on les met dans des cuves de pierre conſtruites à cette fin : on les remplit d'eau pure à la hauteur d'un homme ou environ ; on brouille de temps en temps cette eau, afin de lui faire prendre la vertu & la couleur de la plante ; & lorſqu'elle en eſt bien imprégnée, on la fait paſſer dans un autre vaiſſeau joignant le premier. On la laiſſe repoſer toute la nuit, afin qu'elle s'éclairciſſe & qu'elle ſe ſépare d'une matiere épaiſſe qui va au fond. On retire enſuite ce réſidu, qui eſt la ſubſtance groſſiere de l'Indigo, & on la filtre à travers un drap peu ſerré; puis on met la fine matiere qui en ſort, dans des endroits bien propres, pour la faire ſécher au ſoleil. Cette matiere ainſi purifiée, eſt ce qu'on appelle *Indigo* : Elle eſt quelquefois altérée par les payſans, qui, pour en augmenter le poids, la mêlent avec un peu de terre qui approche beaucoup de l'Indigo; & ils y joignent encore de l'huile, afin qu'elle flotte mieux ſur l'eau.

Les ſouches de la plante qu'on a laiſſées dans les champs, pouſſent l'année ſuivante des rejettons qui donnent un Indigo dont la qualité eſt auſſi bonne & même meilleure que celui qu'on retire du *Gingay*, c'eſt-à-dire, de l'Indigo ſauvage.

L'Auteur de l'Herbier d'Amboine (2), ajoute : J'ai appris des Chinois une autre maniere de faire l'Indigo, dont voici le procédé.

Second Extrait de l'Herbier d'Amboine.

On prend les tiges & les feuilles de l'herbe verte, quelques-uns mêmes y joignent les ſouches avec la racine, & on les met dans une cuve ou un fort tonneau, dans lequel on verſe une quantité d'eau aſſez grande pour que l'herbe en ſoit entiérement couverte. On laiſſe macérer cette herbe vingt-quatre heures, pendant leſquelles l'eau en extrait toute la couleur, & s'épaiſſit comme celle d'un marais. On jette enſuite toutes les tiges avec leurs feuilles, & on verſe dans chaque cuve trois ou quatre meſures, qu'on nomme *Gantang*, de chaux fine paſſée au tamis, qu'on remue vigoureuſement avec de gros bâtons, juſqu'à ce qu'il s'éleve une écume pourprée. On laiſſe alors repoſer la cuve pendant vingt-quatre heures ; on en tire l'eau & on en fait ſécher au ſoleil la ſubſtance qui ſe trouve au fond ; on en facilite le deſſéchement en la diviſant en gâteaux ou

(1) Chef du Commerce de la Compagnie Hollandoiſe des Indes, dans ſon Itinéraire ou Deſcription du Guzaratte, Chap. 10. *Voyez* l'Herbier d'Amboine, cinquieme Partie, Chap. 39, *page* 220 & ſuivantes; par George Everhard Rumphe.

(2) Partie 5e. Chap. 39, *page* 220 & ſuiv.

ou carreaux, lesquels étant bien secs, forment un Indigo propre à être vendu & transporté dans les pays étrangers.

On m'a aussi donné la préparation suivante, usitée aux environs d'Agra.

Troisieme Extrait de l'Herbier d'Amboine.

Lorsque l'Indigo planté dans un terrein frais, a reçu les pluies du mois de Juin, & lorsqu'il a atteint la hauteur d'une aune, on le coupe & on le met dans une tonne nommée *tanck*, qu'on remplit d'eau. On charge cette eau d'autant de poids qu'elle en peut porter. On la laisse dans cet état pendant quelques jours, jusqu'à ce qu'on s'apperçoive que l'eau ait acquis une forte couleur bleue. On met dessous, ou tout auprès, une autre tonne dans laquelle on fait passer la liqueur au moyen d'un canal, & on l'agite avec les mains. On examine l'écume pour juger quand il convient de cesser l'agitation. On y verse alors un quarteron d'huile, & on couvre la cuve jusqu'à ce que toute la partie bleue qui, en cet état ressemble à de la boue, se dépose au fond. Lorsque l'eau est écoulée, on ramasse la fécule, on l'étend sur des draps, & on la fait sécher sur un terrein sablonneux; mais tandis qu'elle est encore humide, on en forme avec la main des boules ou des mottes, que l'on renferme ensuite dans un lieu chaud. Cette matiere bleue est alors en état d'être vendue. On l'appelle dans l'Indostan *Noti*, & chez les Portugais *Bariga*; cet Indigo ne tient que le second rang pour la qualité; car, lorsque les pluies de la seconde année ont humecté la terre, & que les souches de l'Indigo coupées l'année précédente ont repoussé, les rejettons coupés & traités comme ci-devant, donnent un Indigo de premiere qualité, qui s'appelle dans l'Indostan *Tsjerri*, & chez les Portugais *Cabeça*.

On fait la troisieme année une derniere coupe des rejettons, que les pluies ont encore fait naître, & on les traite de la même maniere que ci-dessus; mais l'Indigo qu'on en retire est de la plus basse qualité: on lui donne le nom de *Sassala* ou de *Pée*. Pour distinguer ces trois especes, il faut remarquer que le Tsjerri ou Cabeça est très-bleu, & qu'il a une très-fine couleur; la substance en est tendre; elle flotte sur l'eau: elle produit une fumée très-violette lorsqu'on la met sur les charbons ardents, & laisse peu de cendres.

Le Noti ou Barriga, est d'une couleur tirant sur le rouge, lorsqu'on l'examine au soleil.

Le Sassala ou Pée, est une substance très-dure, & il a une couleur terne.

Description de la culture de l'Indigo & de sa préparation, tirée du Chapitre de l'Histoire Naturelle des Indes (1).

IL croît de l'Indigo dans plusieurs endroits des Indes. Son apprêt dans le territoire de Bayana, d'Indoua & de Corsa dans l'Indoustan, à une ou deux journées d'Agra, passe pour le meilleur. Il en vient aussi dans le pays de Surate,

(1) Histoire générale des Voyages, Tome 44, *page* 328.

ſur-tout vers Sarqueſſe, à deux lieues d'Amadabat; c'eſt de-là qu'on tire particulierement l'Indigo plat. On en fabrique de la même façon & à peu-près de même prix ſur les terres de Golconde. Le *Mein* de Surate, qui eſt de 42 ſerres ou 34 & demie de nos livres, ſe vend depuis 15 juſqu'à 20 roupies. Il s'en fait auſſi à Baroch, & de la même qualité que le précédent. Celui du voiſinage d'Agra, ſe paitrit par morceaux en forme de demi-ſphere. Il s'en fabrique auſſi dans le Canton de Raout, à 36 lieues de Brampour, & dans pluſieurs autres endroits du Bengale, d'où la Compagnie Hollandoiſe le fait tranſporter à Mazulipatan. Mais toutes ces eſpeces d'Indigo y ſont à meilleur marché de vingt pour cent, que celui d'Agra. On ſeme l'Indigo aux Indes Orientales après la ſaiſon des pluies. L'uſage général des Indiens, eſt de le couper trois fois l'année. La premiere coupe ſe fait lorſqu'il a 2 ou 3 pieds de hauteur, & on le coupe alors à demi-pied de terre. Cette premiere récolte eſt ſans comparaiſon meilleure que les deux autres. Le prix de la ſeconde diminue de 10 à 12 pour cent, & celui de la troiſieme d'environ 20 pour cent. On en fait la diſtinction par la couleur, en rompant un morceau de ſa pâte. La couleur de celle qui ſe fait la premiere, eſt d'un violet bleuâtre plus brillant & plus vif que les deux autres; & celle de la ſeconde eſt plus vive auſſi que celui de la troiſieme. Mais outre cette différence, qui en fait une conſidérable dans le prix, les Indiens en alterent le poids & la qualité par des mêlanges.

Après avoir coupé ces plantes, ils ſéparent les feuilles de leur petite queue en les faiſant ſécher au ſoleil. Ils les jettent dans des baſſins faits d'une ſorte de chaux, qui s'endurcit juſqu'à paroître d'une ſeule piece de marbre. Ces baſſins ont ordinairement 80 à 100 pas de tour. Après les avoir à moitié remplis d'eau ſaumache, on acheve de les remplir de feuilles ſéches, qu'on y remue ſouvent juſqu'à ce qu'elles ſe réduiſent comme en vaſe ou en terre graſſe. Enſuite on les laiſſe repoſer pendant quelques jours, & lorſque le dépôt eſt aſſez fait pour rendre l'eau claire par-deſſus, on ouvre des trous qui ſont pratiqués exprès autour du baſſin, pour laiſſer écouler l'eau. On remplit alors des corbeilles de cette vaſe; chaque Ouvrier ſe place avec ſa corbeille dans un champ uni, & prend de cette pâte avec les doigts pour en former des morceaux de la groſſeur d'un œuf de poule coupé en deux, c'eſt-à-dire, plat par en bas & pointu par en haut.

L'Indigo d'Amadabat s'applatit & reçoit la forme d'un petit gâteau. Les Marchands qui veulent éviter de payer les droits d'un poids inutile, avant de tranſporter l'Indigo d'Aſie en Europe, ont ſoin de le faire cribler pour ôter la pouſſiere qui s'y attache. C'eſt un autre profit pour eux; car ils la vendent aux habitans du pays, qui l'emploient dans leurs teintures. Ceux qui ſont employés à cribler l'Indigo, y doivent apporter des précautions. Pendant cet exercice, ils ont un linge devant leur viſage, avec le ſoin continuel de tenir les conduits de la reſpiration bien bouchés, & de ne laiſſer au linge que deux petits trous vis-à-vis des yeux. Ils doivent boire du lait à chaque demi-heure, & tous ces préſervatifs n'empêchent point qu'après avoir exercé leur office pendant 8 ou 10 jours, leur ſalive ne ſoit pendant quelque temps bleuâtre. On a même obſervé que ſi l'on met un œuf le matin près des criblures, le dedans ſe trouve tout bleu le ſoir lorſqu'on le caſſe. A meſure qu'on tire la pâte des corbeilles avec les doigts trempés dans de l'huile, & qu'on en fait des morceaux, on les expoſe au ſoleil pour les ſécher. Les Marchands qui achetent l'Indigo, en font toujours brûler quelques morceaux, pour s'aſſurer qu'on n'y a pas mis de ſable. L'Indigo ſe réduit en cendres, & le ſable demeure entier. Ceux qui ont beſoin de graine pour en ſemer, laiſſent la ſeconde année quelques pieds debout; ils les coupent lorſque les gouſſes ſont mûres, les font ſécher ſur la terre, & en recueillent enſuite la ſemence. Quand une terre a nourri l'Indigo pendant trois ans, elle a beſoin d'une année pour ſe repoſer avant qu'on y en ſeme d'autre.

Deſcription de la culture & ſabrique de l'Indigo. Par Franç. Pelſart (1).

ILS ſement leur Indigo au mois de Juin, qui eſt le temps où il commence à pleuvoir, & ils emploient 15 livres de graine pour chaque Biga, qui eſt une meſure de terre de 60 aunes de Hollande. L'Indigo croît à la hauteur d'une aune quand la ſaiſon eſt favorable. On le coupe en Septembre ou au commencement d'Octobre.

Lorſqu'on tarde trop long-temps à en faire la récolte, les froids ſurviennent; cette plante qui ne peut les ſouffrir, change de couleur, & la pâte qu'on en retire eſt brune & ſans luſtre. On coupe l'herbe à quatre doigts de terre, & on met dans une cuve toute celle d'un Biga. Ce vaiſſeau a 38 pouces en quarré, & la hauteur d'un homme. Ils y laiſſent pourrir l'herbe l'eſpace de 17 heures; après ce temps on fait couler l'eau dans un puits qui a 32 pieds de circuit, & 6 pieds de profondeur; deux ou trois hommes qui ſont dedans, la remuent avec les pieds & les bras, & par ce mouvement lui font tellement changer de couleur, qu'elle devient d'un bleu obſcur. Ils la laiſſent après cela repoſer 16 heures. Pendant ce temps la matiere la plus épaiſſe deſcend dans un creux en forme de cloche qui ſe trouve au fond du puits. Ils font écouler l'eau, & ils retirent l'Indigo qu'ils étendent ſur des linges juſqu'à ce qu'il ſoit ſec..... Ils mettent dans un pot de terre ce qu'ils ont ramaſſé dans chaque puits, & le bouchent ſoigneuſement, de peur que l'air ou le vent venant à donner deſſus, ne le deſſéche...... On en recueille tous les ans à Bayana 800 paquets, & 1000 à Meeuwat, quartier dépendant d'Agra; mais l'Indigo en eſt huileux, & n'eſt

(1) Relation du Voyage aux Indes Orientales, traduite par Hacluyt, *in-fol.* Tome 2, *page* 4 & *ſuiv.* Avis & Remarques de Fr. Pelſart, principal Facteur de la Compagnie de Hollande pour les Indes Orientales, année 1621, ſur la Province d'Agra & de Bayhana.

pas de grande valeur. On y trouve ordinairement du ſable. Ils ne le font point à la maniere de ceux de Bayana, mais ſuivant celle de ceux de Circhées, qui en pilent les feuilles pour en tirer enſuite la ſubſtance, en les mettant & en les remuant continuellement dans un puits qui a la forme des vaiſſeaux où l'on bat le beurre en Hollande. Ils en ôtent ce qui ſurnage. (L'Auteur ne dit rien du reſte de la façon). Cet Indigo ne ſe vend que 20 roupies le Manon, quand celui de Bayana en vaut 30..... Dans les villages qui dépendent de Bayana, les puits où ils le mettent ſe rempliſſent d'eau ſalée, ce qui fait paroître leur Indigo plus dur lorſqu'on le rompt. Il ſe rencontre quelquefois que de deux puits qui ſeront proches l'un de l'autre, l'un ſera d'eau ſalée & l'autre d'eau douce; & l'Indigo d'une même terre, qui aura été préparé dans un puits ſalé, ſe vendra une roupie par Manon plus que celui qui aura été préparé dans un puits d'eau douce.

J'ai lu dans un Auteur, dont le nom m'a échappé, les deux Obſervations ſuivantes:

Les Indiens de Guzaratte & de Gambaye, après avoir coupé leur Indigo, le font ſécher pour le battre & en retirer toutes les feuilles, qu'ils broyent dans un moulin ſemblable à ceux dont on ſe ſert pour écraſer les pommes ou les olives (1). Ils mettent enſuite la poudre de ces feuilles à infuſer pendant 24 heures, dans une quantité d'eau aſſez grande, pour que la diſſolution puiſſe ſe filtrer à travers une étoffe. Ils laiſſent repoſer cette liqueur ainſi filtrée, juſqu'à ce qu'elle ait formé ſon dépôt. Ils ſoutirent l'eau qui le ſurnage; & ils retirent le ſédiment pour le mettre à ſécher ſur des toiles tendues à l'ombre ſur du ſable fin & bien ſec. Lorſque cette matiere a acquis une certaine conſiſtance, ils en forment des tablettes peu épaiſſes, qu'ils achevent de faire ſécher ſur des planches à l'abri du ſoleil. Il réſulte de cet apprêt une marchandiſe d'une qualité ſupérieure. Quant à ce qui reſte ſur le filtre, il ne ſe vend point aux Étrangers; mais les gens du pays s'en ſervent pour teindre les étoffes les plus groſſieres.

Il y a des quartiers où l'on prépare le Paſtel d'Inde de la maniere ſuivante: On fait ſécher & réduire en poudre les feuilles de l'Indigo, ainſi que nous avons dit ci-deſſus; puis on détrempe cette poudre de façon à en former une pâte qu'on fait ſécher tout de ſuite: mais comme il s'en faut de beaucoup qu'elle ait toute la beauté qu'elle doit acquérir, on la broye de nouveau & on l'arroſe comme la premiere fois, pour en former de nouveaux pains, & on réitere tout cet apprêt juſqu'à ce que la marchandiſe ait atteint l'éclat & la fineſſe qu'on veut lui procurer (2).

Il convient maintenant de tourner nos regards ſur les Indigos que nous préſente la Terre ferme de l'Amérique, & ſur les différents travaux qu'ils occaſionnent.

(1) Voyez *Pl.* II, *fig.* 1, 2 & 3, & leur explication qui eſt à côté.

(2) On voit l'Abrégé de ce procédé dans les Voyages de François Pirard, troiſieme Partie, *page* 13.

CHAPITRE

CHAPITRE CINQUIEME.

Des Indigos & Fabriques du Continent de l'Amérique.

NOUS n'entreprendrons point de compter toutes les especes d'Indigos qui croissent dans cette partie du Monde, ni de distinguer celles qui lui sont communes avec l'Asie & l'Afrique, soit naturellement soit par transport. Nous ne déciderons point non plus si toutes les especes qui viennent dans les Isles de l'Amérique, se trouvent dans le Continent ; mais nous pouvons assurer qu'il en croît dans le Brésil & dans la nouvelle Espagne, deux especes totalement différentes de celles qu'on trouve dans nos Isles, & une troisieme qui a un très-grand rapport avec l'Indigo bâtard de Saint-Domingue, ou à une autre espece qui croît dans la même Isle, à laquelle on donne le nom de *Guatimala.*

Ces trois especes, qui sont les seules dont François Ximenès (1), Guillaume Pison (2), François Hernandès & Antoine Recchus (3), Jean de Laet (4), & George Margrave (5), ayent traité à fond, sont ainsi décrites par ces Auteurs.

Description de l'Annir à petites feuilles.

LE Xihuiquilitl-Pitzahuac, c'est-à-dire, l'Annir à petites feuilles, est un arbrisseau qui, d'une simple racine, pousse plusieurs souches hautes de six palmes, grosses comme le petit doigt, rondes, polies & de couleur cendrée. Ses feuilles ressemblent à celles des Pois chiches (6). Ses fleurs sont très-petites & de la couleur d'un blanc-rougeâtre. Ses siliques qui sont attachées par floccons aux souches, ressemblent à des vermisseaux qu'on appelle *Ascorides.* Elles sont assez grossieres & pleines de semence noire. Cette graine ressemble à celle du Fenu-grec, plate des deux côtés comme si elle étoit coupée à chaque bout : cette plante est un peu amere. Les Naturels de l'Amérique, font avec ses feuilles, une teinture qu'ils appellent *Tlauhoylimihuitl*, dont ils se servent pour noircir leurs cheveux. Cette plante vient d'elle-même dans les plaines ainsi que dans

(1) Commentaire des Plantes de la nouvelle Espagne. Cet Ouvrage imprimé au Mexique, est très-rare, & nous ne le connoissons que par les Extraits qui en ont été faits par les Auteurs dont nous faisons mention ci-dessus.

(2) Trésor des Matieres Médicales, Liv. 4, *page* 109, & Hist. Nat. du Brésil, Liv. 4, *page* 198.

(3) Trésor des Plantes de la nouvelle Espagne, imprimé au Mexique en 1651, *pages* 108 & 109.

(4) Histoire du Nouveau Monde, imprimé à Leyde en 1640, Article de la Province proprement dite *de Guatimala*, Liv. 7 Chap. 29, *page* 240.

(5) Histoire Naturelle du Brésil, par Guillaume Pison & George Margrave, mise au jour & augmentée par Jean de Laet, en 1648, Liv. 2, Chap. 1, *page* 57.

(6) Il se trouve ici une contradiction entre la Gravure & la Description ; car on voit, dans Hernandès, *page* 108, Edition de Rome, cette Plante représentée avec des feuilles longues & très-pointues des deux bouts : c'est pourquoi nous n'en avons point fait copier la figure, crainte de méprise.

les montagnes. Quoique quelques-uns la regardent comme une herbe ; il me paroît cependant qu'on doit la ranger dans la classe des arbrisseaux, puisqu'elle se soutient pendant deux ans avec beaucoup de vigueur. Or, la maniere de faire cette couleur bleue, que les Mexiquains nomment *Mohuitli* & *Tlecohuitli*, & les Castillans *Azul*, vulgairement *Annil*, est telle. Ils mettent les feuilles tirées de cette plante dans un vaisseau d'airain, & par-dessus ces feuilles de l'eau tiéde, quoique, suivant quelques-uns, l'eau froide soit préférable. Ils l'agitent violemment jusqu'à ce qu'elle soit chargée d'une forte teinture, après quoi ils la versent doucement dans un autre vaisseau qui a un trou assez élevé au-dessus du fond, par lequel le plus clair de l'eau s'échappe. Celle qui est la plus trouble & qui est imprégnée de la substance la plus épaisse des feuilles, demeure au fond, & on la filtre à travers un sac de toile de chanvre. On expose au soleil la matiere qui reste dans le sac ; puis on en forme des gâteaux, & on acheve de les dessécher en les mettant dans des bassins sur des charbons ardents jusqu'à ce qu'ils deviennent bien durs.

Description du Caachira, faite par les Auteurs précédents, & principalement par Guillaume Pison (1).

LA célebre Plante que les Portugais appellent *Evra d'Anir*, & les Naturels du pays *Caachira*, vient ici (au Brésil) par-tout, quoiqu'on néglige de la cultiver pour les usages de la Médecine & de la Teinture. Il s'éleve de la racine de cette plante (2), distribuée en quantité de rameaux ligneux, longs & couchés, plusieurs tiges rondes, longues de deux à trois pieds & quelquefois davantage, rampantes sur la terre où elles jettent ça & là des filaments qui y prennent racine, & s'élevent ensuite vers leur extrémité.

De ces tiges, qui pour la plupart sont couchées sur terre, il sort différents jets qui poussent en haut, sur chacun desquels il en vient encore huit ou neuf, & plus souvent dix autres également ronds, ligneux & un peu roux d'un côté. Tous ces jets sont garnis de rameaux longs d'un doigt, placés alternativement, dont chacun porte sept ou huit paires de feuilles opposées deux à deux avec une impaire au bout. Ces feuilles ont au milieu de leur longueur une nervure : elles sont un peu plus larges que celles du Trifolium de Dodone, auxquelles elles ressemblent. Il croît à l'aisselle des rameaux, de petits pédicules qui portent cinq à six petites fleurs & plus, de couleur de pourpre, lavé de blanc, de la figure d'un casque ouvert, comme celles du Lierre terrestre ou de l'Ortie morte, & d'une agréable odeur. Cette plante vient ça & là dans le Brésil.

(1) Trésor des Matieres Médicales, Liv. 4, *page* 109. Hist. Nat. du Brésil, Liv. 4., *page* 198, & en quelques Editions, *pages* 57 & 58.
(2) *Fig.* 4. *Pl. I.*

Description de l'Indigo riche de la terre ferme.

XIMENÈS, Piſon & les autres que nous avons déja cités, ayant donné à la plante dont nous allons parler, le même nom qu'aux deux précédentes, nous nous ſommes déterminé à diſtinguer celle-ci par un ſurnom relatif à ſa qualité, en attendant que les Botaniſtes lui en ayent aſſigné un propre à ſon caractere. Cette plante (1) croît juſqu'à la hauteur de deux ou trois pieds. Sa tige eſt ronde & noueuſe, effilée, pleine de ſuc, ſpongieuſe comme les roſeaux, verte & couverte çà & là de poils roux. Elle pouſſe ſur ſa tige & ſur ſes branches, des feuilles ſans pédicule & ſe touchant de fort près, oppoſées deux à deux, longues de quatre doigts, étroites & vertes comme celles de la Lyſimaque : elles ſont couvertes de petits poils blancs des deux côtés & un peu rudes au toucher. Il ſort des mêmes nœuds où les feuilles ſont placées, deux pédicules à côté l'un de l'autre, droits & longs de deux ou trois doigts, portant à leur extrémité une fleur ronde de la grandeur de la Paquerette, entourée de diſtance à autre de petites feuilles blanches, au milieu deſquelles ſe trouvent de petites étamines blanches. Sa racine qui peut avoir environ un demi-pied, eſt un peu courbe ; elle jette d'autres petites racines couchées, ligneuſes & couvertes d'une écorce brune qui peut facilement ſe détacher. Toute cette plante, de même que ſa racine, eſt tellement pleine de ſuc, que ſi on vient à rompre une partie de l'une ou de l'autre, il en ſort auſſi-tôt une couleur bleue.

On fait de l'Anir en pilant ſeulement cette herbe, & en la laiſſant infuſer dans l'eau. On la laiſſe tranquille pour lui donner le temps de former ſon dépôt, qu'on fait deſſécher au ſoleil & qui ſe vend au poids de l'or.

On trouve encore une autre plante qui porte le même nom que la précédente, (de maniere que celle-ci fait la quatrieme dont il ſoit parlé au ſujet de la nouvelle Eſpagne & du Bréſil). Elle donne un bleu foncé, dont les femmes ſe ſervent pour teindre leurs cheveux en noir. Celle-ci differe beaucoup de la précédente par la grandeur & la forme ; car c'eſt un arbriſſeau médiocre qui jette pluſieurs racines comme le Sarment, accompagnées de beaucoup de fibres, deſquelles ſortent pluſieurs ſouches de couleur cendrée. Ses feuilles reſſemblent à celles du Poivre long ; mais elles ſont un peu plus grandes, & elles ont quelques nervures qui s'étendent ſur toute leur longueur. Ses fleurs ſont blanches. On en tire la couleur de la même façon que de la précédente eſpece ; mais elle eſt moins belle & moins chere.

(1) *Fig. 5, Pl. I.*

Description de la Culture & Fabrique de l'Indigo à la Caroline. Par William Burck (1).

L'INDIGO est une matiere que l'on tire d'une plante du même nom, que l'on a vraisemblablement appellée ainsi de l'Inde, où on l'a cultivée pour la premiere fois, & d'où, pendant un temps considérable, on a tiré tout celui qu'on consommoit en Europe.

On cultive trois sortes d'Indigos dans la Caroline (2), qui demandent chacun un terrein différent. Le premier, savoir celui de France ou d'Hispagniola, pousse un pivot fort long & demande un terrein gras, d'où vient, que bien qu'il soit excellent dans son espece, on le cultive peu dans les cantons maritimes de la Caroline, qui sont en général sablonneux. Mais il n'y a aucun pays dans le monde où l'on trouve de meilleures terres que celles qui sont ici à cent milles de la mer. Une autre raison qui empêche de le cultiver, est qu'il ne peut résister au froid de la Caroline. (Nous ne rapportons point la description que l'Auteur fait de cette espece, parce que nous en parlerons amplement en traitant des Indigos de nos Isles).

La seconde espece, savoir, le faux Guatimala ou le vrai Bahama, supporte mieux le froid, parce que la plante est plus forte & plus vigoureuse, & d'ailleurs il est plus abondant. Il vient dans les plus mauvais terreins, & c'est ce qui fait qu'il est plus cultivé que le premier, quoiqu'il soit moins bon pour la teinture. (L'Auteur n'entre dans aucun détail sur cette plante ni sur la suivante).

Le troisieme est l'Indigo sauvage, qui étant naturel au pays, répond aussi mieux aux vues du Cultivateur, tant pour la durée de la plante, & la facilité de la culture, que la quantité du produit. On n'est point d'accord sur la variété de ses qualités, & l'on ignore encore si elle provient de la nature de la plante, de la température des saisons, qui ont beaucoup d'influence sur la perfection de cette denrée, ou de la maniere dont on le prépare.

On plante ordinairement l'Indigo après les premieres pluies qui succedent à l'équinoxe du printems. On seme sa graine dans de petites rigoles espacées l'une de l'autre de 18 à 20 pouces. Lorsque le temps est favorable, il est en état d'être coupé au commencement de Juillet. On fait une seconde récolte vers la fin d'Août, & lorsque l'Automne est tempérée, une troisieme à la Saint-Michel. Il faut sarcler tous les jours la terre où on le plante, en ôter la vermine & donner tous ses soins à la plantation. Une vingtaine de Négres suffisent pour soigner une plantation de 50 acres, & pour entretenir la Manufacture; encore ont-ils

(1) Hist. des Colonies Européennes, Tome 2, page 282.

(2) Cette Province est située dans l'Amérique Septentrionale, entre les 31 & 41e dégrés de latitude septentrionale.

assez

aſſez de temps pour pourvoir à leur ſubſiſtance & à celle de leur Maître. Lorſque la terre eſt bonne, chaque acre donne 60 à 70 livres d'Indigo, qui valent à prix moyen 50 livres ſterlings. On coupe la plante dès qu'elle commence à fleurir ; mais après qu'elle eſt coupée, il faut prendre garde de ne point la preſſer ni la ſecouer en la portant dans l'endroit où on la met à rouir, parce qu'une grande partie de la beauté de l'Indigo dépend de la farine qui eſt attachée à ſes feuilles.

L'appareil pour faire l'Indigo eſt conſidérable, mais peu diſpendieux. Il conſiſte en une pompe & quelques cuves & tonneaux de bois de cyprès, lequel eſt très-commun & à bon marché dans le pays. Après avoir coupé l'Indigo, on le met dans une cuve d'environ 12 à 14 pieds de long, ſur quatre de profondeur, à la hauteur d'environ 14 pouces, pour le faire macérer ; on remplit enſuite la cuve avec de l'eau ; au bout de 12 ou 16 heures, ſelon le temps, l'Indigo commence à fermenter, s'enfle, s'éleve & s'échauffe inſenſiblement. On l'arrête alors avec des pieces de bois miſes en travers pour empêcher qu'il ne monte trop, & l'on marque avec une épingle le point de ſa plus grande crue. Lorſqu'il baiſſe au-deſſous de cette marque, on juge que la fermentation eſt à ſon plus haut dégré, & qu'elle commence à diminuer. On ouvre alors un robinet pour faire écouler l'eau dans une autre cuve qu'on appelle *le battoir*. L'herbe qu'on retire de la premiere cuve, ſert à fumer la terre & fait un engrais excellent. On continue à y mettre de nouvelle herbe, juſqu'à ce que la récolte ſoit achevée.

Après avoir fait couler toute l'eau, ainſi imprégnée des particules de l'Indigo dans le battoir, on ſe ſert d'eſpeces de baquets ſans fonds, armés d'un long manche pour la remuer & l'agiter, ce que l'on continue de faire juſqu'à ce qu'elle s'échauffe, qu'elle écume, fermente & s'éleve au-deſſus des bords qui la contiennent. Pour appaiſer cette fermentation violente, on verſe de l'huile deſſus à meſure que l'écume monte, ce qui la fait baiſſer auſſi-tôt. Après qu'on a ainſi agité l'eau pendant 30 ou 35 minutes, ſelon le temps ; car il faut le battre plus long-temps lorſqu'il fait froid, il commence à ſe former de petits grains, ce qui vient de ce que les ſels & les autres particules de la plante que l'eau avoit diviſées & qui s'étoient incorporées avec elle, ſont alors réunies.

Pour mieux découvrir ces particules, & ſavoir ſi l'eau a été ſuffiſamment battue, on en met de temps en temps quelque peu ſur un plat ou dans un verre ; lorſqu'elle paroît telle qu'elle doit être, on fait couler dedans de l'eau de chaux qui eſt dans un autre vaiſſeau, & on agite le tout légérement, ce qui facilite l'opération. L'Indigo forme des grains plus parfaits ; la liqueur acquiert une couleur rougeâtre : elle devient trouble & boueuſe, & on la laiſſe repoſer. On fait enſuite couler la partie la plus claire dans différents autres vaiſſeaux, d'où on la tire dès qu'elle commence à s'éclaircir au-deſſus, juſqu'à ce qu'il ne reſte qu'un limon qu'on met dans des ſacs de groſſe toile ; on le ſuſpend durant quelque temps, jufqu'à ce que l'humidité en foit entiérement diffipée. Pour achever de fécher ce limon, on le tire des facs, & on le paitrit fur des ais faits d'un bois porreux avec une fpatule de même matiere, l'expofant foir & matin au foleil à différentes reprifes, mais peu de temps. On le met enfuite dans des boîtes ou caiffes que l'on expofe au foleil avec la même précaution, jufqu'à ce que l'opération foit finie & que l'Indigo foit fait. Il faut beaucoup d'attention & d'adreffe dans chaque partie de ce procédé, autrement on court rifque de tout perdre. On ne doit point laiffer l'eau ni trop long-temps ni trop peu de temps dans le rouiffoir ni dans le battoir : il ne faut la battre qu'autant de temps qu'il eft néceffaire ; & prendre garde en faifant fécher la fécule, de ne tomber ni dans le défaut ni dans l'excès. Il n'y a que l'expérience qui puiffe mettre au fait de ces fortes de chofes.....

Il n'y a peut-être point d'article fur lequel on faffe de fi grands profits en ce pays (la Caroline), que fur l'Indigo, ni qui exige moins de dépenfe ; & il n'y a point de pays où on puiffe le faire avec autant d'avantage que dans cette Province, vu la bonté du climat. On peut dire à la louange de fes habitans, que s'ils continuent comme ils ont commencé, & qu'ils s'attachent à le faire auffi bien qu'il doit l'être, ils en fourniront dans la fuite à tout l'Univers.

Si notre exactitude a répondu à notre intention, le Lecteur doit connoître à préfent une grande partie des Indigos qui croiffent dans les quatre Continents ; nous avons même porté le fcrupule jufqu'à faire calquer la figure de ces plantes, quand nous les avons trouvées dans les Auteurs qui réfervent quelquefois pour les Planches, l'expofition des différences les plus effentielles, fans en prévenir le Lecteur : il trouvera ce qui concerne les Indigos de nos Ifles, dans un Chapitre deftiné pour elles feules.

Nous avons auffi tâché de lui faire connoître tout ce que les Auteurs nous apprennent d'intéreffant fur les Fabriques étrangeres ; mais on n'auroit qu'une idée bien fuperficielle de celle de l'Indigo dans nos Colonies, fi l'on fe bornoit à cette fimple connoiffance. Car, fi d'un côté notre pratique eft en prefque tous fes points beaucoup plus expéditive, d'un autre côté notre méthode demande auffi beaucoup plus de fcience que toutes les autres ne paroiffent en exiger. C'eft ce qui va faire le fujet du Chapitre fuivant.

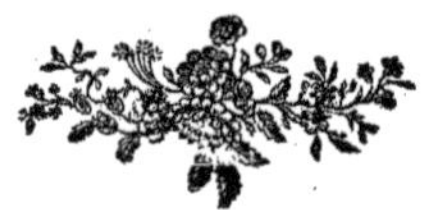

CHAPITRE SIXIEME.

Eléments de la Fabrique de l'Indigo.

LA théorie de cette Fabrique, eſt fondée ſur la fermentation des végétaux qui ſont ſujets à paſſer de l'état ardent ou ſpiritueux, à l'état aigre ou acide, & de là au putride, lorſqu'ils ſont long-temps à infuſer dans une certaine quantité d'eau.

Suivant ces principes, l'Indigo peut éprouver ſucceſſivement ces trois révolutions; mais la pratique enſeigne que le genre ſpiritueux eſt le ſeul convenable à ſa manipulation, parce que la criſe acide étant peu ſenſible, l'herbe ſemble paſſer tout d'un coup de l'état le plus ſpiritueux & le mieux marqué, à la putréfaction qui lui eſt entiérement & uniquement préjudiciable; ce qui eſt cauſe que les Indigotiers ne font aucune mention du genre acide dans leur procédé; ils diviſent ſeulement la fermentation ardente en deux temps ou dégrés. Ils nomment le premier dégré *pourriture imparfaite*, & le ſecond, *bonne ou parfaite pourriture*. Quant au genre putride ou alkaleſcent, ils l'appellent *pourriture excédée*, & ils n'omettent rien pour l'éviter.

La pratique enſeigne encore, que pour tirer parti de l'extrait, il faut le ſoutirer de la cuve où il eſt confondu avec la plante, & enſuite le battre ou l'agiter pour réduire tous les principes propres à la formation de l'Indigo, à l'état d'un petit grain diſtinct & d'un facile égout, auquel on ne parvient ſûrement, que par la voie du battage. Car, ſi on abandonnoit une cuve de l'extrait à elle-même, à deſſein d'obtenir la fécule ſans le ſecours du battage, elle tomberoit en putréfaction, & les principes imperceptibles du grain, deſtitués de leur apprêt néceſſaire pendant le temps convenable, ne ſe dépoſeroient que ſous la forme d'une vaſe fluide & incapable de s'égoutter; c'eſt pourquoi on ne differe guere le battage d'une cuve, à moins qu'on ne ſoit dans le cas d'attendre l'extrait d'une autre pour les battre tous deux dans le même vaiſſeau, lorſqu'il n'y a pas grande différence entre leurs bouillons; ou bien quand on s'apperçoit que l'extrait paſſé dans la batterie, n'a pas aſſez fermenté, alors on en ſuſpend l'opération, afin de lui donner le temps de ſe perfectionner. Cette derniere manœuvre démontre que la décantation n'arrête point le cours général de la fermentation de l'extrait, & la néceſſité de le battre ſuivant l'uſage ordinaire. Mais l'Art n'indique point de regle préciſe ſur la durée de la fermentation & ſur la meſure du battage, parce que ces deux points dépendent de la qualité ou du corps de l'herbe, & cette qualité de la nature des veines de terre où l'herbe a crû, & de l'altération des ſaiſons qu'elle a éprouvée tandis qu'elle étoit sur pied. Le terme de la fermentation & du battage, dépend encore du temps froid ou chaud, pluvieux ou sec, pendant lequel l'herbe ou son extrait reçoivent ces différents traitemens, & du degré de chaleur ou de fraîcheur de l'eau dont on se sert; ce qui rend la pratique de cet Art variable, obscure & sujette à beaucoup d'erreurs.

Ces difficultés dont nous rendrons un compte plus exact par la suite, & des précautions convenables à ce sujet, sont cause qu'on a cherché plusieurs fois le moyen de supprimer une partie de ce travail, appellé *le battage de l'extrait*. Mais il paroît que jusqu'à ce jour aucune de ces tentatives n'a parfaitement réussi, ce qui n'est point surprenant; parce qu'il faudroit vraisemblablement trouver un précipitant qui pût agir également sur les principes de l'Indigo, soit dans le temps qu'ils éprouvent la fermentation vineuse, soit dans celui où ils subissent l'impression de la fermentation acide, puisque l'extrait se trouve souvent dans ce dernier cas, sans qu'on s'en apperçoive.

Il faut cependant convenir que Rumphe (1), Burck (2) & Han-Sloane (3), nous disent que la poudre de chaux vive passée au tamis, entre dans la préparation de l'Indigo des Indes; que l'on se sert à la Caroline d'eau de chaux, pour le dépouillement ou la clarification de l'extrait; & qu'à la Jamaïque, on répand de l'urine sur une petite partie de l'extrait, pour connoître la disposition des principes ou des molécules à une aggrégation qui constitue le grain. On doit encore ajouter que l'effet de ces mélanges n'est point entiérement ignoré dans nos Isles; mais les premieres tentatives qu'on a faites avec la chaux, n'ayant peut-être point été faites avec toute l'exactitude & la science requises, il en a résulté un Indigo blanchâtre qui a dégoûté de les renouveller. Quant à l'urine, on reconnoît assez communément qu'elle a la propriété de précipiter le grain plus ou moins parfaitement, suivant la perfection de la fermentation & du battage; mais il ne paroît pas qu'on ait cherché à tirer parti de cette connoissance. On sent d'ailleurs combien il seroit difficile & désagréable d'en vérifier toute l'efficacité par des expériences plus grandes & mieux approfondies, & encore moins celle de la salive, à laquelle on attribue la même propriété. M. Duhamel, de l'Académie des Sciences, dont les vues s'étendent à toutes sortes d'objets utiles, & qui avoit autrefois été consulté sur celui-ci, pense qu'une dissolution d'alkali phlogistiqué, à peu-près comme celui dont on se sert dans la préparation du bleu de Prusse (4), seroit un des moyens qu'il conviendroit le plus d'essayer d'après les indications ci-dessus mentionnées.

Il nous paroît cependant qu'entre toutes les matieres tirées du regne animal, ou végétal, celles qui ont une qualité visqueuse ou mucilagineuse, sont au

(1) Voyez le second Extrait de l'Herbier d'Amboine, Fabrique des Chinois.

(2) Voyez Fabrique de la Caroline.

(3) Histoire Naturelle de la Jamaïque, Vol. 2, *page* 34 & *suiv.*

(4) On peut voir dans le Dictionnaire de Chimie, par M. Macquer, de l'Académie des Sciences, au mot *Bleu de Prusse*, la maniere de phlogistiquer l'alkali, & les métamorphoses que produit le phlogistique.

moins

moins très-propres à aider l'Art dans cet objet. Car, indépendamment de ce qu'on pourroit dire à ce ſujet touchant la colle de poiſſon dont on ſe ſert pour clarifier le vin, & de l'analogie de cette colle avec les autres mucilages, d'où on pourroit inférer une égalité d'effets de la part de ceux-ci, pour la clarification des liqueurs végétales qui viennent de ſubir la fermentation ardente; des perſonnes dignes de foi (1), m'ont encore aſſuré que de jeunes branches de Bois-canon (2), concaſſées puis battues dans une terrine remplie d'eau avec quelques racines de Sénapou (3), pareillement concaſſées, forment un mucilage qui a la propriété de faire caler ou dépoſer en très-peu de temps toutes les parties de l'extrait que le battage a réunies ſous la forme de grain; mais, comme on vient de le dire, il faut toujours qu'un battage convenable précede l'addition de la liqueur combinée du Bois-canon & du Sénapou, & qu'on la mêle enſuite pendant quelque temps avec celle de l'extrait de l'Indigo pour en obtenir ſur le champ le réſidu; après cette opération, la liqueur qui le ſurnage, quoique colorée en jaune devient très-claire, & c'eſt le temps où il convient de l'écouler pour retirer la fécule qui reſte au fond du vaiſſeau.

Les perſonnes de qui je tiens ce procédé, dont ils n'ont point ſuivi les détails, n'ont pu me dire la quantité de Bois-canon & de racine de Sénapou qu'on doit employer pour clarifier une cuve; mais il entre toujours dans cette compoſition beaucoup plus du premier que du dernier; au reſte deux ou trois expériences faites ſur de petites quantités, ſuffiſent pour mettre un Indigotier au fait de la doſe, qui n'exige pas une extrême préciſion. Nous indiquerons par la ſuite les occaſions où il ſeroit le plus à propos d'en faire uſage; parce qu'à la rigueur on peut s'en paſſer, & qu'on fait tous les jours de l'Indigo ſans cet ingrédient.

La queſtion ſur la découverte du véritable précipitant, reſte donc indéciſe; mais il y a tout lieu de croire qu'un habile Chimiſte parviendroit à la réſoudre, s'il étoit ſecondé dans une opération ſi intéreſſante pour tous les Indigotiers.

Les éclairciſſements que fourniſſent la théorie & la pratique, ſur les objets dont nous avons parlé ci-devant, ſont, que la fermentation eſt abſolument néceſſaire au développement de tous les principes de l'Indigo:

(1) M. Des Roſes, le cadet, Officier des Troupes Nationales à Cayenne, & un Miſſionnaire de cette Colonie, qui ne m'a pas permis de le citer.

(2) L'arbre qui porte ce nom à Cayenne, s'appelle à Saint-Domingue *Bois-trompette.* Quand cet arbre, qui devient fort haut, a acquis une certaine grandeur, il eſt tout creux, & on en fait aſſez ſouvent des dales en le fendant ſur ſa longueur. Le charbon de ce bois eſt très-léger & propre aux feux d'artifice. Quelques réflexions nous font penſer que les gouſſes de Gombeau, dont la décoction forme une ſubſtance extrêmement filante & approchante du mucilage du Bois-canon, pourroient, à ſon défaut, lui êtres ſubſtituées.

(3) Eſpece de petit arbriſſeau qui porte à Saint-Domingue le nom de *Bois à enivrer.* La conſiſtance & la ſubſtance de ſa racine reſſemblent à celles de la Guimauve; quand on s'en frotte les dents, elle produit avec la ſalive une eſpece d'écume; ſon goût approche du Creſſon de fontaine, mais il eſt bien plus ſtimulant, & j'ai ſouvent éprouvé qu'il excitoit une longue ſalivation. On ſe ſert généralement à l'Amérique de cette racine pour enivrer le poiſſon.

Que plus elle eſt violente, plus l'abondance de ſes eſprits forme d'obſtacles à la prompte réduction de ſes principes en grain :

Que l'objet eſſentiel du battage, eſt de favoriſer & d'accélérer l'évaporation de ces eſprits, afin de faciliter l'aggrégation des molécules du grain :

Et qu'enfin le paſſage de l'extrait de l'état ſpiritueux à l'état acide & putride, avant la formation ou la liaiſon complette du grain, eſt la cauſe principale de toutes les variétés du battage.

Nous allons maintenant rendre compte du plan & de l'ordre du reſte de cet Ouvrage, qui n'a plus pour objet que la Fabrique de l'Indigo proprement dit, tel qu'il ſe fait dans nos Iſles de l'Amérique, & particuliérement à Saint-Domingue. C'eſt ce qui va faire la matiere du ſecond & du troiſieme Livre.

Dans le ſecond, j'expoſerai la fabrique de l'Indigo, & je parlerai de la Plante qui le produit. Dans le troiſieme, j'examinerai la théorie de cette fabrique.

Dans le premier Chapitre du ſecond Livre, j'ai renfermé tout ce qui a rapport à la conſtruction & fabrique des bâtiments, des vaiſſeaux & uſtenſiles néceſſaires à une Indigoterie, parce que ce travail précede tous les autres, & afin qu'on ne ſoit plus dans le cas de perdre de vue les opérations ſuivantes, qui ont une liaiſon intime entr'elles.

Le ſecond Chapitre s'étend ſur les différentes eſpeces & qualités d'Indigoferes, connus dans nos Iſles, & ſur les accidents auxquels chaque eſpece eſt particuliérement ſujette, depuis la plantation de ſa graine juſqu'à ſa récolte.

La nature & l'expoſition du terrein le plus favorable à l'Indigo, ſa culture & la maniere de l'arroſer, font le ſujet du troiſieme.

Le quatrieme expoſe la qualité des eaux les plus propres à ſa fabrique, avec les préparatifs & la deſcription générale de la fermentation & du battage. Ce Chapitre eſt terminé par une inſtruction générale ſur l'économie & l'exploitation d'une habitation à Indigo.

Le troiſieme Livre renferme deux Chapitres. Le premier a pour objet eſſentiel la fermentation de l'herbe, & le ſecond traite directement du battage ou manipulation de l'extrait. Nous avons placé à la fin de cet Ouvrage, un Tableau des qualités & des prix de l'Indigo. On trouvera enſuite les Planches des figures avec leur explication à côté, & en dernier lieu une Table alphabétique des Matieres.

On me reprochera peut-être les longs détails & les fréquentes digreſſions où je ſuis tombé dans le cours de cet Ouvrage ; mais je les ai cru néceſſaires pour conſerver des particularités intéreſſantes, & les progrès d'un Art qui décline tous les jours dans nos Colonies de l'Amérique, & qui ne ſe relévera dans la ſuite que par le prix exceſſif de l'Indigo, occaſionné par la chûte & la diminution de quantité de ſes Fabriques.

Au ſurplus, j'ai puiſé le fond de la pratique de cet Art, dans les meilleurs

Auteurs que j'ai pu connoître ; le reſte eſt tiré de mes obſervations, pendant une adminiſtration de pluſieurs années d'une Indigoterie, & des avis qui m'ont été communiqués par d'habiles Indigotiers que j'ai conſultés depuis que j'ai entrepris cet Ouvrage, ſur lequel j'ai réuni toute mon attention pour le rendre utile à nos Colons, digne du Public, & des ſuffrages de l'illuſtre Académie à qui j'ai l'honneur de le préſenter.

Fin du Livre premier.

LIVRE SECOND.

CHAPITRE PREMIER.

Des Bâtiments, Vaisseaux & Ustensiles.

Le terme d'*Indigoterie* sert à désigner en général un terrein où l'on cultive l'Indigo avec les Bâtiments, Vaisseaux, Negres, & Ustensiles propres à sa Fabrique (1); & il s'applique spécialement aux cuves de maçonnerie destinées à ce travail. Dans ce dernier sens, chaque Indigoterie est un composé de trois vaisseaux attenants l'un à l'autre, & se joignant ordinairement par des murs mitoyens (2). On suppose ici que les cuves sont de maçonnerie, quoiqu'on n'ignore pas qu'en certains pays on les fait en bois, ce qui doit nécessairement occasionner, dans les dispositions dont nous parlerons ci-après, quelques différences auxquelles le Lecteur & l'Ouvrier suppléeront d'eux-mêmes. Ces trois vaisseaux sont disposés par dégrés, de maniere que l'eau versée dans le premier, tombe par des robinets dans le second, du second dans le troisieme, & du troisieme dehors (3).

Le premier de ces vaisseaux *A*, *Pl.* 4, *fig.* 5, s'appelle *Trempoire* ou *Pourriture*: c'est dans cette cuve qu'on met l'herbe, afin de l'y laisser macérer & fermenter.

Le second vaisseau *B*, *Pl.* 4, *fig.* 5, se nomme *Batterie*, parce que c'est dans celui-ci qu'on fait passer l'extrait qui a subi la fermentation, afin de le battre & de le traiter de la maniere qu'il convient.

Le troisieme vaisseau *C*, *Pl.* 4, *fig.* 5, qui, à proprement parler, ne forme qu'une espece d'enclos, s'appelle *Reposoir*; le fond de ce vaisseau présente dans sa plus grande partie un plan, & vers un des côtés de ce plan, un petit bassin *K*, *Pl.* 4, *fig.* 4 & 5, appellé *Bassinot* ou *Diablotin*.

Le Diablotin ou Bassinot, creusé dans le plan du Reposoir, est un petit vaisseau particulier destiné à recevoir la fécule sortant de la Batterie. Il doit être pratiqué au-dessous du niveau du fond de ce plan, & de maniere à toucher le mur de la *Batterie*. On le place ordinairement droit au milieu de ce côté, & quelquefois dans une des encoignures, mais toujours du côté de la Batterie. Il est muni d'un petit rebord, afin d'empêcher l'eau, qui pourroit se trouver sur le fond du Reposoir, d'y refluer.

(1) Voyez *Pl.* 6.
(2) Voyez *Pl.* 4, *fig.* 1, 4 & 5.
(3) Voyez *Pl.* 4, *fig.* 5. *A*, *B*, *C*.

Ce que nous venons de dire ici touchant l'aſſemblage de ces trois vaiſſeaux, n'a rapport qu'aux Indigoteries ſimples ou détachées les unes des autres; car lorſqu'il convient d'établir pluſieurs Pourritures enſemble, on diminue de moitié le nombre des Batteries, & conſéquemment celui des Diablotins. On trouvera dans le plan des Indigoteries compoſées, toutes les diſpoſitions relatives à cette économie (1).

Le fond de ces trois grands vaiſſeaux eſt plat, avec une pente d'environ 2 à 3 pouces, pour faciliter l'écoulement des uns vers les autres.

Le fond du Diablotin *K*, *Pl.* 4, *fig.* 4 & 5, préſente une figure concave, dont le contour eſt rond ou ovale. On avertit qu'il doit encore ſe trouver dans le fond même du Diablotin, une autre petite foſſette *P*, ou forme ronde reſſemblante à celle d'un chapeau; c'eſt dans cette eſpece de forme ou foſſette, que l'on acheve de puiſer, avec un côté de calbaſſe, le reſte de la fécule qui y deſcend naturellement.

Le premier vaiſſeau *A*, *Pl.* 4, *fig.* 5, doit avoir au moins une bonde *X*, avec ſon robinet ou daleau *E*, de trois pouces de diametre, le tout ſuivant la grandeur de la cuve.

Le ſecond vaiſſeau *B*, *Pl.* 4, *fig.* 5, préſente une bonde *F*, perpendiculaire au Baſſinot, avec trois robinets ou daleaux d'environ 3 pouces de diametre. Ces robinets ſont élevés de 4 pouces les uns au-deſſus des autres: les deux premiers ſervent à écouler en deux repriſes l'eau qui ſurnage la fécule après le battage.

Le troiſieme daleau, qui eſt néceſſairement perpendiculaire au Diablotin, eſt deſtiné à l'écoulement de la fécule dépoſée au fond de la Batterie, au niveau duquel il doit être & même tant ſoit peu plus bas.

Le plan du fond du troiſieme grand vaiſſeau *C*, *Pl.* 4, *fig.* 5, au lieu de bonde, a une ouverture *Q*, au bas du mur, d'environ 6 pouces en quarré, toujours libre, qui répond au canal de décharge, nommé *la vuide*.

Le Diablotin *K*, & la petite forme *P*, qui ſe trouvent enclavés dans le troiſieme vaiſſeau *C*, *Pl.* 4, *fig.* 5, n'ont beſoin d'aucune iſſue, puiſqu'on en retire toute la fécule juſqu'au ſec par leur ouverture.

Les bondes *X* ſont de bois incorruptible, équarries & placées dans le courant de la maçonnerie, à la demande de l'écoulement de chaque vaiſſeau. Ces bondes ſont percées ſelon leur longueur pour former les daleaux; la hauteur & la largeur de chaque piece, ſont proportionnées à la quantité & à la largeur des trous qu'on y fait, & leur longueur ſe meſure ſur l'épaiſſeur du mur où elle eſt placée, obſervant que les deux bouts ſe trouvent de niveau aux deux côtés du mur. Les chevilles avec leſquelles on bouche les daleaux ſont rondes, & de même bois que les bondes.

Les habitations où l'on fabrique l'Indigo ont, ſuivant leur étendue, pluſieurs

(1) Voyez *fig.* 1, *Pl.* 7.

corps de maçonnerie ſemblables, proches ou éloignés les uns des autres, pour la commodité de l'exploitation, & alors on les déſigne quelquefois par le terme de *pourriture* ou d'*équipage*, au lieu d'Indigoterie.

La Planche 7, figure 1, repréſente pluſieurs de ces équipages réunis ; & l'on voit que par leur aſſemblage on peut diminuer de moitié le nombre des Batteries & des Diablotins.

Lorſqu'on a deſſein de conſtruire une Indigoterie en quelqu'endroit, on doit examiner avant toutes choſes, s'il eſt poſſible d'y amener l'eau de quelque riviere ou de quelque ravine pour remplir les cuves ; car, ſi on eſt privé de cet avantage, il faut indiſpenſablement creuſer aux environs du lieu où l'on ſe propoſe de former cet établiſſement, un puits *fig.* 2, *Pl.* 4, ſans l'eau duquel les plus beaux ouvrages deviendroient inutiles. Quand on eſt sûr d'en avoir, de quelque façon que ce ſoit, on peut alors commencer le travail des Indigoteries, en obſervant les regles ſuivantes :

On établit les Indigoteries ſur quelque butte ou élévation naturelle ou artificielle ſuffiſante à un écoulement qui ne ſoit ſujet à aucun reflux. Mais on eſt quelquefois obligé de les placer fort bas, quand on eſt à portée de profiter des eaux d'une riviere ou d'un ruiſſeau pour remplir la Trempoire. Il ſuffit que la Batterie ait un débouché au-deſſus du niveau des eaux voiſines, obſervé dans la ſaiſon des pluies, afin que l'écoulement en ſoit toujours aſſuré.

On donne au premier vaiſſeau, ou la forme d'un quarré parfait, ou celle d'un quarré un peu oblong ; mais quelle que ſoit cette figure, les bords & la profondeur en ſont toujours de la maniere ſuivante. Voici les regles qu'on obſerve à l'égard des Trempoires dont l'ouverture préſente un quarré élongé.

Si la longueur du premier vaiſſeau *A*, eſt de dix pieds, ſa largeur eſt de 9, & ſa profondeur de 3 pieds, y compris un petit talus *R*, haut d'environ 6 pouces, dont la pente toute intérieure forme comme une eſpece de rebord à la cuve.

Lorſque ſa longueur eſt de 12 pieds, ſa largeur eſt de 10 ſur la même profondeur, & le reſte de la même façon. Quand ſa longueur eſt de 18 à 20 pieds, on lui donne 16 à 18 pieds de largeur, ſur 3 & demi & même 4 pieds de profondeur. Cette derniere proportion paroît ſur-tout convenable à ceux qui portent juſqu'à 20 pieds quarrés en tous ſens, obſervant toujours la même façon que nous avons dite à l'égard des bords ; mais il eſt dangereux de faire ces vaiſſeaux trop grands, parce que la fermentation ne peut y être ſi prompte ni ſi égale que dans ceux qui ſont d'une médiocre étendue, & que le produit d'une grande cuve eſt de beaucoup inférieur à celui de deux autres qui contiendroient enſemble la même quantité d'herbe : auſſi l'uſage eſt-il en général de ſe borner à celles qui contiennent quarante charges ou paquets d'herbe, ce qui revient à la capacité de la cuve dont nous avons donné les premieres proportions ; ou à celles qui ont 10 pieds tant en longueur qu'en largeur, & qui peuvent contenir 50 charges de Negres.

Comme l'Indigo bâtard occupe beaucoup plus de place dans la cuve, pour les raisons qu'on verra dans la suite, & rend beaucoup moins de fécule que l'Indigo franc, on met celui-ci dans les plus petites cuves, & on se sert des plus grandes pour le bâtard.

Quoique l'étendue du second vaisseau *B*, *Pl.* 4, *fig.* 4 & 5, n'influe pas sur la quantité & sur la qualité de l'Indigo, il est cependant nécessaire, pour la manipulation du battage, d'en resserrer les bornes & d'en relever considérablement les bords ; mais pour le construire convenablement, il faut avoir égard à deux points très-essentiels à sa parfaite exécution.

Le premier, est d'observer le niveau du fond *S*, *Pl.* 4, *fig.* 4 & 5, de la Trempoire *A*, qu'on est quelquefois obligé de tenir fort bas, pour en faciliter le remplissage.

Le second, est d'examiner si, à trois pieds ou à trois pieds & demi plus bas que le niveau du fond de la Trempoire, on peut placer le fond *T*, *Pl.* 4, *fig.* 5, de la Batterie, de maniere qu'elle ait un écoulement de six pouces au-dessus du plan *V* du Reposoir ; & que le Reposoir ait une décharge convenable dans quelque fosse ou marre voisine : car, s'il n'étoit pas possible de remplir ces conditions préalables, il faudroit élever le fond de la Trempoire jusqu'à ce qu'on pût les accomplir. Lorsqu'on est sûr de pouvoir les observer, on peut alors déterminer l'étendue de la Batterie qui doit toujours être plus longue d'un, deux ou trois pieds dans un sens que dans l'autre ; mais cette étendue ne peut se régler que d'après le calcul de la quantité de pieds cubes d'eau que doit contenir la Trempoire lorsqu'elle est remplie d'herbe, & que l'eau est à six pouces de ses bords. C'est pourquoi il faut d'abord multiplier la quantité des pieds de sa longueur, par celle de sa largeur, & multiplier ensuite le produit de ces deux grandeurs, par le nombre des pieds de sa hauteur, sans y comprendre les rebords qui sont de six pouces. Lorsqu'on a fait cette seconde multiplication & tiré son produit, on en soustrait la troisieme partie pour la place que l'herbe occupe dans ce vaisseau ; ce qui reste après la soustraction, égale la quantité de pieds cubes d'eau que doit recevoir le bassin de la Batterie, auquel il faut donner une telle proportion que sa longueur multipliée par sa largeur donne un produit, qui étant multiplié par trois pieds ou trois pieds & demi de profondeur, forme une quantité de capacité égale à la quantité du volume d'eau, trouvée au calcul de la Trempoire.

Il faut supposer qu'on éleve ensuite sur les murs *Y*, *Pl.* 4, *fig.* 5, du bassin de la Batterie, une maçonnerie de deux pieds de haut, pour servir de rebord à ce vaisseau, ce qui lui donne en tout 5 à 5 pieds & demi de hauteur, sur-tout quand on se sert de Negres & de buquets pour battre la Cuve ; car on diminue les bords de six pouces lorsqu'on fait mouvoir les buquets par un moulin.

On obſervera ici que le côté le plus étroit de la Batterie ſe trouve toujours en face de la Trempoire, à moins qu'on ne ſoit dans le cas de faire battre pluſieurs vaiſſeaux à la fois par des moulins à l'eau ou à mulets, ce qui néceſſite alors une direction toute oppoſée, comme *BB*, *fig.* 1, *Pl.* 7.

Les bords de la Trempoire forment, comme nous avons dit, une pente intérieure, au quart d'équerre, d'environ ſix pouces. Les bords du ſecond vaiſſeau ont auſſi une petite pente, mais elle eſt moins forte vers le dedans; ceux du Repoſoir ſont plats. Ce troiſieme vaiſſeau n'a pas une étendue déterminée, néanmoins le mur qui lui eſt mitoyen avec la Batterie, ſert ordinairement de meſure à ſa longueur, pour ce côté là & celui qui le regarde en face; 6 ou 7 pieds ſuffiſent pour chacun des deux autres côtés de ſa largeur.

Le Diablotin ou le Baſſinot *K*, *fig.* 4, *Pl.* 4, un peu échancré du côté qu'il touche au mur de la Batterie, eſt profond de deux pieds y compris la forme ou foſſette *P*, & large de deux pieds & demi & même plus, ſuivant la grandeur des premiers vaiſſeaux. La foſſette peut porter 5 à 6 pouces de diametre & autant de creux.

La hauteur des murs contournants du troiſieme vaiſſeau *C*, *fig.* 4, *Pl.* 4, qui vont ſe réunir au mur mitoyen de la Batterie *B*, eſt d'environ trois pieds & demi à quatre pieds, en comptant le fond *V* du Repoſoir *C*, *fig.* 5, *Pl.* 4, à 6 pouces au-deſſous du dernier robinet de la Batterie. On pratique vers un des coins du Repoſoir & du côté du mur mitoyen de la Batterie, qui lui ſert d'appui, un petit eſcalier *L*, *fig.* 1, *Pl.* 4, pour y deſcendre & en ſortir à volonté.

La maçonnerie de ces vaiſſeaux & ſur-tout du premier, doit être faite avec beaucoup de précaution & toute la ſolidité poſſible, pour être parfaitement étanche & réſiſter aux violents efforts de la fermentation; c'eſt pourquoi on en prépare les fondements par un maſſif de roches ſéches, bien garnies & pilonées, avant d'en maçonner le fond & les murs qui lui ſervent de revêtement. On donne au mur de ce premier vaiſſeau 15, 20, & même 24 pouces d'épaiſſeur, ſur-tout lorſqu'il a vingt pieds quarrés; 12 à 15 pouces ſuffiſent à l'épaiſſeur des autres vaiſſeaux; mais on doit toujours en travailler le fond & tout ce qui eſt caché ſous terre avec grande attention, de crainte que les ſources voiſines, ou les eaux qui proviennent de l'égout des terres, ne s'y inſinuent. On n'emploie d'ordinaire à la liaiſon de ces ſortes d'ouvrages, qu'un mortier de ſable & de chaux, quoique dans les quartiers où elle eſt extrémement rare ou chere, on ſe ſerve avec ſuccès de terre graſſe pour les ouvrages qui ſont expoſés en plein air; mais on en recrépit toujours l'extérieur avec de bon mortier à chaux & à ſable, & l'intérieur avec du ciment fait comme nous allons dire.

Lorſque toute la maçonnerie eſt bien ſéche, on fait un ciment compoſé de chaux & de briques pilées & paſſées au tamis, dont on enduit exactement tout l'intérieur & les bords des vaiſſeaux; on a ſoin de polir l'ouvrage à meſure qu'il ſéche,

ſéche, avec des truelles fines, & enſuite avec des cacones dont l'écorce eſt très-dure & très-polie, ou avec des galets de riviere; ce qui demande l'application de pluſieurs Negres enſemble pour preſſer le ciment à meſure qu'il ſeche, & l'empêcher de laiſſer des gerçures.

Comme il ne faut qu'une fente très-médiocre pour faire écouler une cuve toute chargée, on doit prendre, ſitôt qu'on s'en apperçoit, des coquilles de mer de quelque eſpeces qu'elles ſoient, & les piler ſans les faire cuire; on les réduit en poudre, & on les paſſe par le tamis. On prend enſuite de la chaux vive auſſi paſſée au tamis; on mêle ces deux parties enſemble, & on les délaye avec autant d'eau qu'il en faut pour en compoſer un mortier ferme, dont on remplit en diligence la fente de la cuve; il en arrête ſur le champ l'écoulement. D'autres réparent les fentes des Indigoteries de la maniere ſuivante: On ouvre & on élargit intérieurement la fente en forme de rigole évaſée, & de la profondeur de ſept à huit pouces depuis le haut juſqu'en bas. On gratte les bords des petites fentes qu'on ne juge pas à propos d'ouvrir, comme le reſte, & on en remplit le vuide avec un ciment compoſé de parties égales de chaux vive, de brique pilée & tamiſée, & de mâche-fer réduit en poudre, le tout délayé avec le moins d'eau qu'il eſt poſſible.

On prépare à l'Iſle de France un maſtic dont voici la compoſition. On fait diſſoudre des coquilles de mer dans du jus de citron; on tire le réſidu provenant de cette diſſolution, & on le mêle avec des blancs d'œufs pour en faire le maſtic avec lequel on bouche parfaitement les fentes des Indigoteries.

Le renom du ciment de la Chine, appellé *Sarangouſti*, nous engage à joindre ſa recette à toutes les précédentes, quoiqu'on n'ait pu nous en donner les proportions. Ce ciment ſe fait avec du Brai ſec, de l'huile de Cocos, qui peut ſe remplacer par de l'huile de Noix ſécative, & de la chaux vive tamiſée. On compoſe de ces trois parties une pâte que l'on bat ſur un billot à coups de maſſe, juſqu'à ce qu'elle devienne filante, maniable & propre à en faire ce qu'on juge à propos. Cette pâte devient extrêmement dure dans l'eau, & blanchit comme la porcelaine, ce qui fait qu'on s'en ſert auſſi pour recoller les vaſes de cette eſpece.

Ceux qui n'ont pas le temps ou la commodité de compoſer ces maſtics, peuvent ſe ſervir du ciment ordinaire, qui étant bien fin, un peu clair & appliqué convenablement, produit le même effet.

On doit outre cela avoir attention d'entretenir toujours une certaine quantité d'eau dans les vaiſſeaux qui doivent reſter quelque temps en repos, afin que la chaleur exceſſive n'y occaſionne pas de ſemblables dommages.

Lorſque ces travaux ſont finis, on dreſſe, avec quelques fourches plantées en terre, un ajoupa ou eſpece d'appenti ſur le Repoſoir, pour mettre l'Indigo ſoutiré, & les Negres à l'abri. Quelques habitants font cet ajoupa aſſez grand pour couvrir auſſi la Batterie & même la Trempoire.

Il eſt conſtant qu'il ſeroit très-avantageux d'avoir ce dernier vaiſſeau à l'abri d'une pluie continuelle ou d'un violent orage ; car la fraîcheur & l'abondance de ces eaux retardent la fermentation & troublent les indices qui ſervent à en faire connoître le juſte dégré ; d'ailleurs il n'eſt pas bien décidé que le trop grand air & l'extrême chaleur occaſionnée par les rayons du ſoleil, ſoient les moyens les plus prompts pour exciter la fermentation ; ainſi on s'abſtient de blâmer aucun de ces uſages, qui ne paroiſſent pas occaſionner une différence bien ſenſible ſur la qualité de l'Indigo ; ce qui eſt cauſe que la plupart regardent cette couverture comme inutile ſur la Pourriture. Il faut ſeulement avoir attention, quand on travaille à découvert dans un temps de pluie, de ne pas mettre tout-à-fait la même quantité d'eau dans la cuve.

Comme il eſt abſolument néceſſaire d'empêcher la trop grande dilatation de l'herbe dans la Trempoire ou Pourriture *A*, *fig.* 1 & 4, *Pl.* 4, dont elle ſurmonteroit bientôt les bords, on plante à la profondeur de trois pieds en terre, quatre poteaux *D*, *fig.* 1 & 4, *Pl.* 4, de bois incorruptible, vers les quatre coins extérieurs du travers de la longueur de cette cuve; ſavoir, deux d'un côté & deux de l'autre, vis-à-vis le quart de la longueur du vaiſſeau. Ces poteaux qu'on appelle les *Clefs*, s'élevant hors de terre à la hauteur d'un pied ſix pouces au-deſſus des bords de la Pourriture, préſentent chacun vers leur extrémité, une mortaiſe de ſix pouces de large & longue de dix. Ces mortaiſes ſont deſtinées à recevoir des barres *G*, *fig.* 1 & 3, *Pl.* 4, ou ſoliveaux qui paſſent directement d'une clef à l'autre par-deſſus toute la largeur de la trempoire, & en même temps les coins ou couſſinets par leſquels on aſſujétit les barres dans les mortaiſes. Les barres de ces clefs ſont équarries de ſix pouces ſur les quatre faces, & quelquefois de ſix ſur huit.

Lorſqu'on a chargé la cuve, ou que l'herbe y eſt embarquée, on couche par-deſſus & ſelon la longueur de la cuve, des paliſſades ou planches *I*, *fig.* 4, *Pl.* 4, de Palmiſte tout près les unes des autres, & ſur leur travers deux ou trois chevrons *H*. Les traverſes ou chevrons qui appuient ſur ces paliſſades, ſont des pieces de bois équarries de ſix pouces ſur les quatre faces ; on les aſſujétit en cet état par le moyen des coins ou étançons poſés entr'elles & les barres des clefs.

La partie des poteaux ou clefs cachée en terre, doit avoir environ un pied & demi de diametre ; celle qui eſt dehors & qui ſurpaſſe la cuve d'un pied & demi, doit avoir dix à douze pouces d'équarriſſage, afin de ſupporter le travail & l'ouverture des mortaiſes qui doivent être proportionnées aux barres dont nous avons parlé ci-deſſus.

Trois fourches *N*, *fig.* 1, *Pl.* 4, ou courbes de bois plantées en triangle des deux côtés de la Batterie ; ſavoir, deux d'un côté & un au milieu de l'autre bord, ſervent de chandeliers ou d'appui au jeu des Buquets *O M*, *fig.* 1, *Pl.* 4, employés à battre & agiter l'eau de cette cuve. Il y a des quartiers où l'on bat avec quatre buquets, & où par conſéquent on met deux fourches d'un côté & deux de l'autre, mais toujours dans une position alternative, comme les trois dont nous venons de parler.

Le buquet est un instrument composé d'un caisson *M*, *fig.* 1, *Pl.* 4, sans fond, uni à un manche *O*. Ce caisson est formé de l'assemblage de quatre morceaux de fortes planches. Il ressemble à une petite crèche, ou à un pétrin de Boulanger, dont on auroit levé la couverture & le fond; ainsi l'ouverture supérieure en est beaucoup plus large que l'inférieure; mais les deux bouts de ce caisson sont perpendiculaires ou verticaux, c'est-à-dire, qu'ils ne s'évasent point du tout. La longueur du buquet est de douze à quinze pouces; sa largeur supérieure de neuf à dix pouces; l'ouverture inférieure est de trois à quatre pouces, & sa profondeur de neuf à dix pouces. Au reste, ces mesures sont fort arbitraires. Pour l'emmancher, il faut faire une mortaise droite au milieu d'une des planches qui forme la longueur, & une autre au milieu de la longueur de la planche opposée, mais un peu plus bas que le milieu, c'est-à-dire, qu'il faut approcher cette seconde mortaise du côté où le buquet se ferme. Après quoi on l'ajuste par la premiere de ces ouvertures, à une gaule de la grosseur du bras, qui de cette maniere le traverse obliquement de part en part. On arrête ensuite le buquet par une clavette qui traverse le bout de la gaule; après quoi on pose cette gaule entre les branches du chandelier *N*, *fig.* 1, *Pl.* 4, placé à hauteur d'appui, & on l'y assujétit au moyen d'une cheville de fer qui traverse le tout, & laisse au Negre qui en tient le manche, la liberté de plonger & de relever le buquet.

La longueur de la gaule depuis son point d'appui, sur la fourche qui touche le mur de la Batterie, jusqu'au caisson, se regle sur la mesure du travers entier de la Batterie, dont on retranche un pied, afin que le buquet soit franc dans son mouvement, & qu'il n'endommage pas la muraille de ce vaisseau. Il faut que ceux qui battent la cuve avec ces instruments, s'accordent exactement à donner leur coup ensemble, sans quoi l'eau rejaillit de plus de quatre pieds au-dessus du bassin.

On se sert aussi de deux especes de moulins pour battre l'Indigo; les uns se meuvent par l'eau, & les autres par des chevaux. La Planche 7, fig. 2, 7 & 9, représente le plan, la coupe & la perspective d'un moulin à chevaux; & la même Planche, fig. 12, la perspective d'un moulin à l'eau. On a mis l'explication de toutes ces figures à côté des Planches; car le détail de leur méchanisme qui regarde plus l'Art du Charpentier que celui-ci, est trop long pour en donner ici une description complette. Il suffit de savoir que dans les uns comme dans les autres, tout le mouvement se rapporte à un arbre couché sur le travers de la Batterie, lequel étant terminé à chaque bout par un aissieu de fer, roule sur des colets de même matiere, posés sur les deux côtés de la Batterie, & que cet arbre est garni de quatre cuillers assez longues pour que leur caisson se remplisse d'eau en tournant. Ces caissons sont alors fermés par le bas, & ils doivent se séparer de leur manche quand on le juge à propos; parce que si le moulin est fait pour battre plusieurs cuves, il est inutile de laisser ces pieces attachées aux arbres qui ne font rien. On trouvera sur chaque Planche une échelle qui indique les proportions de ces moulins. Quelques-uns pour éviter les frais d'un moulin, placent tout simplement sur le travers de leur Batterie, un arbre garni de palettes, *fig.* 11, *Pl.* 7, auquel on imprime un mouvement de rotation par le moyen de deux manivelles fixées à ses deux aissieux. On peut encore consulter, au sujet de ces sortes d'ouvrages, le méchanisme du rouleau des Indiens, *fig.* 7, *Pl.* 5, décrit au Chapitre des Fabriques de l'Asie, & qui paroît très-bien imaginé.

Comme la fécule, en tombant dans le Diablotin *K*, *fig.* 4, *Pl.* 4, est encore remplie de beaucoup d'eau, on la retire de ce vaisseau pour la mettre à s'égoutter dans des sacs d'une bonne toile commune, point trop serrée.

Ces sacs *Z*, *fig.* 1, *Pl.* 5, sont ordinairement longs d'un pied à un pied & demi, quarrés ou en pointe par le bas, & larges de huit ou neuf pouces en haut. On fait tout près de leur ouverture des œillets ou boutonnieres, & on y passe des cordons ou lacets courants, par lesquels on les suspend des deux côtés aux chevilles ou crochets d'un ratelier *U*, *fig.* 1, *Pl.* 5, fixé en *U fig.* 1, 4 & 5, *Pl.* 4, aux murs du Reposoir. Quand les sacs ne rendent plus d'eau, on renverse la fécule, qui est encore molle comme de la vase épaisse, dans des caisses de bois *A*, *fig.* 3, *Pl.* 5, pour l'y faire sécher. Ces caisses sont d'un bois léger, longues de trois pieds, larges d'un pied & demi, & profondes de deux pouces.

On expose ces caisses *A*, sur des établis *B*, *fig.* 8, *Pl.* 5, dont une partie est à couvert sous un bâtiment *S*, *fig.* 8, *Pl.* 5, appellé la *Sécherie*, & l'autre en plein air.

Ces établis sont composés de deux files ou rangées de poteaux de bois, plantés en terre jusqu'à hauteur d'appui, sur le sommet desquels on cloue tout du long des palissades ou listeaux de Palmiste, dont on ne marque pas les proportions; il suffit qu'ils soient assez forts pour supporter les caisses; mais il est nécessaire qu'ils soient écartés de deux pieds pour qu'on puisse aisément passer entr'eux, & que les extrémités des caisses ayent un appui d'environ six pouces de chaque côté.

On ne peut donner ici les proportions de la Sécherie, parce qu'il n'y a aucune regle fixe au sujet de la grandeur de ce bâtiment, qui ressemble à un hangard ou à une grange, dont le devant d'un bout n'auroit pas de clôture. On fait à l'autre bout de la Sécherie, un petit magasin *M*, *fig.* 9, *Pl.* 5, pour renfermer l'Indigo lorsqu'il est entiérement sec; le reste de ce bâtiment sert d'abri à celui qu'on veut faire sécher lorsqu'il pleut, ou retirer pendant la nuit comme on le fait toujours.

CHAPITRE

CHAPITRE SECOND.

Des especes & différentes qualités de l'Indigo, & des accidents auxquels il est sujet depuis la plantation de sa graine jusqu'à sa récolte.

L'Indigofere, l'Anil ou l'Indigo, croît naturellement & sans culture dans tous les pays qui se trouvent dessous ou près de la Zone-Torride. On en connoît cinq especes dans nos Colonies; savoir, le Maron, ou celui de Savane, le Mary, le Guatimala, le Bâtard & le Franc.

Toutes ces especes ont entr'elles plusieurs traits de ressemblance, & il faut quelque étude à un nouveau venu, avant de pouvoir en distinguer la différence au premier coup d'œil; ainsi sur la description de la derniere, on peut se former une idée générale de toutes les autres.

L'Indigo franc de nos Colonies de l'Amérique, *fig.* 1, *Pl.* 8, est une plante droite, déliée, garnie de menues branches, qui en s'étendant, forment d'ordinaire une petite touffe. Elle s'éleve jusqu'à trois pieds de hauteur & même beaucoup plus, quand elle se trouve en liberté dans un bon terrein, où sa principale racine, *fig.* 1, *Pl.* 1, commence toujours par pivoter. Cette racine & les autres qui en proviennent peuvent s'étendre jusqu'à 12 à 15 pouces de profondeur; d'ailleurs elles sont blanches, ligneuses, rondes, dures & tortueuses. Cette plante qui, avec le temps, devient ligneuse & cassante, se divise quelquefois dès le pied, en petites tiges couvertes d'une écorce grisâtre, entremêlée de verd. Ces tiges sont rondes, ainsi que leur souche, qui peut avoir 4 à 5 lignes de diametre, plus ou moins suivant le terrein. L'intérieur en est blanc; les branches se garnissent de petites côtes, dont chacune porte jusqu'à huit couples de feuilles, terminées par une seule qui en fait l'extrémité. Ses feuilles sont ovales, tant soit peu pointues, unies, douces au toucher, & assez semblables à celles de la Luzerne; mais pour la couleur, la figure, la grandeur & la disposition des feuilles sur leur côte, aucune plante n'approche plus exactement de l'Indigo, que le Galega, appellé en François *Rue de Chevre*, ou que le Trifolium. Le feuillage de l'Indigo répand une odeur douce assez pénétrante, mais peu flatteuse, & qui a quelque léger rapport à celle de la fécule desséchée & bien fabriquée. Sa feuille présente aussi au goût une saveur assez approchante de celle de sa fécule, entremêlée d'une petite amertume piquante, répandue dans tout le reste de la plante. Les branches se chargent de petites fleurs d'un rouge violet très-clair & d'une odeur légere, mais agréable. Ces fleurs sont ailées ou papillonacées, composées chacune de cinq pétales. Le pétale supérieur est plus large & plus rond que les autres, & profondément dentelé tout autour; ceux d'en-bas sont plus courts & terminés en pointe avec un pistil au milieu.

A ces fleurs ressemblantes à peu-près à celles de notre Genêt, mais bien plus petites, succedent des siliques roides & cassantes, rondes, grainelées, un peu courbes, d'environ un pouce de longueur, & d'une ligne & demie de diametre. Ces cosses renferment cinq ou six semences ou graines semblables à de petits cylindres d'une ligne de long, luisants, très-durs, & d'un jaune rembruni. Le feuillage de cette espece foisonne plus en fécule, proportion gardée, que celui des autres, & le grain qui la compose est plus gros. Je n'ajouterai point que la Marchandise provenant de l'Indigo franc, est nécessairement plus belle que celle de l'Indigo bâtard; car de vieux Praticiens soutiennent que la plus brillante qualité, telle que celle du bleu flottant ou du violet, ne dépend point de l'espece de l'herbe, puisque les deux dont il est question, donnent tantôt le bleu ou le violet, tantôt le gorge de pigeon ou le cuivré, &c. mais seulement de certaines circonstances plus aisées à soupçonner qu'à définir au juste, au nombre desquelles on fait concourir la qualité du terrein, la coupe de l'herbe avant sa maturité, l'imperfection de la fermentation & du battage; quelques-uns y ajoutent la chenille qui ronge l'Indigo, & qu'on met avec l'herbe dans la cuve. Il paroît cependant que le plus ou moins d'onctuosité dans le feuillage, & la maniere de sécher sa fécule, doivent beaucoup contribuer à la légéreté & à la beauté de ces matieres; on pourroit même soupçonner que la quantité & la qualité de l'huile qu'on répand dans la Batterie, y entrent pour quelque chose.

Au reste, l'Indigo franc se fait avec facilité; mais le succès de sa plantation est fort douteux. Sa tige tendre & délicate, est exposée en naissant à beaucoup d'accidents: le vent, la pluie, le soleil, tout conspire à sa destruction; la terre même où il croît semble lui refuser ses secours; si elle est un peu usée, il languit sur pied, & ne produit que de foibles tiges, qui périssent dès leur naissance. Une des principales causes de sa perte dans le premier mois, est *le brûlage*, c'est-à-dire, l'accident auquel il est sujet, lorsqu'après un grain de pluie, le soleil vient à darder subitement ses rayons sur la terre; il échauffe tellement l'eau qui n'a point assez pénétré, que cette jeune & foible plante, extrêmement sensible à ses racines, se couche & se fanne comme de l'herbe échaudée.

Il est encore attaqué pendant ce temps, par un insecte qu'on appelle *Ver brûlant* ou *Colleux*. Cet animal, dont la figure est approchante de celle d'une petite Chenille, s'attache à sa sommité & l'enveloppe d'une toile à peu-près semblable à celle de l'Araignée, qui l'étouffe en la privant d'une rosée rafraîchissante, & de la liberté de l'air si nécessaire à la transpiration des végétaux, laquelle se change, dans cette toile, en vapeurs brûlantes, lorsque le soleil vient à donner dessus.

A ces accidents, il faut ajouter le fléau général des Chenilles. On voit quelquefois des essains de Papillons, les uns blancs & les autres jaunes, voler de quartier en quartier, pour déposer leurs œufs dans les jardins à Indigo; la chaleur y fait éclorre une quantité innombrable de Chenilles, & les fait croître, dans cette abondante nourriture, si promptement, qu'elles dévorent quelquefois en moins de quarante-huit heures des chasses entieres d'Indigo. La crainte continuelle où l'on est d'un tel accident, est presque toujours accompagnée d'un danger réel causé par le *Rouleur*, autre espece de Chenille plus grosse que les dernieres. Ces animaux s'attachent à ronger l'écorce des souches & les bourgeons à mesure qu'ils repoussent: ces insectes, par un instinct tout particulier, se cachent sous terre pour éviter les plus fortes chaleurs du jour, & ils en sortent à la fraîcheur pour travailler de nouveau le reste du jour & la nuit suivante. Ce manege, qui dure quelquefois deux mois de suite, fait tellement languir & souffrir les tiges, que plusieurs périssent sans ressource; après quoi ces insectes se convertissent en chrysalides pour devenir papillons & habitans de l'air. Ce malheur est d'autant plus grand, qu'il arrive toujours dans la plus belle saison, & lorsque l'Indigo rend le plus. Les habitants qui ont des troupeaux de cochons ou de coqs d'Inde, & qui connoissent leur goût & leur avidité pour les Chenilles, les lâchent alors dans leurs jardins, pour diminuer au moins le nombre de ces ennemis; mais la chair des coqs d'Inde en contracte un goût si désagréable, qu'il n'est pas possible d'en servir sur la table, tandis qu'ils en font leur principale nourriture, & même quelque temps après.

Cet expédient tout utile qu'il puisse être, n'approche cependant pas de celui qu'on emploie aussi avec le plus grand succès pour détruire la toile dont le Ver brûlant ou le Colleux enveloppe la sommité de l'Indigo. Il consiste à faire prendre à chacun des Negres un balai de trois pieds de long, composé de branches feuillues, & de leur faire passer ce balai sur la tige des jeunes Indigos, dans le temps où le soleil est dans toute sa force, c'est-à-dire, entre onze heures & midi, & où la terre est brûlante, parce que dès que la Chenille est blessée par la violente secousse de cette opération, elle tombe sur le sol dont la chaleur la fait mourir en moins de deux heures. Il en est de même à l'égard des Chenilles qui remontent sur les souches de l'Indigo dès qu'on vient de le couper, & qui en rongent toute l'écorce; mais il faut alors employer des balais plus forts & sans feuillage, qu'on fait passer sur les souches à tour de bras.

Pour que cette manœuvre ait tout son effet, il faut que de longue main le terrein soit net & dégarni des mauvaises herbes. Quant à la toile du Ver brûlant, on la détruit parfaitement en passant le balai feuillu sur la tige de l'Indigo.

Le Mahoqua est encore un de ses plus dangereux ennemis; cet animal qui ne sort jamais de dessous terre, est un gros ver blanc qui devient quelquefois aussi long & aussi gros que le pouce; ses mâchoires sont si fortes, qu'il coupe & qu'il ronge les racines de l'Indigo, ce qui fait qu'il ne tient presque plus à la terre, & qu'en tirant dessus on l'arrache aisément. Lorsqu'on reconnoît la cause de sa langueur & de son dépérissement, on fait fouiller la terre dans les endroits où le mal est le plus considérable, pour découvrir & ramasser ces insectes, dont les Negres ne manquent guere de remplir leurs paniers, qu'ils vont vuider ensuite dans quelque marre ou fossé plein d'eau.

L'Indigo bâtard attire moins tous ces insectes; mais il est sujet à son tour dans la saison avancée, où les pluies & les chaleurs sont fortes, à décharger, c'est-à-dire, à se dépouiller aisément de ses feuilles; d'où il résulte l'obligation de couper beaucoup plus d'herbe pour remplir une cuve, & une perte considérable pour le propriétaire.

Si l'on fait réflexion à tant d'accidents qu'il est impossible de prévenir, on ne sera pas surpris que la plupart des quartiers de Saint-Domingue, où le nombre de ces insectes s'est multiplié plus que par-tout ailleurs, en ayent abandonné la culture, qui les a mis la plupart en état d'établir des Sucreries, dont les revenus sont en effet plus solides. Les Negres mêmes en préferent le travail à tout autre, malgré l'assiduité & les veilles continuelles qu'ils font à tour de rôle auprès des moulins & des chaudieres à Sucre, par rapport aux petits profits qu'ils font sur les sirops qu'on leur distribue tous les Dimanches, & que les autres Negres achetent pour se régaler en en mêlant une certaine quantité avec de l'eau, dont ils font une boisson à laquelle ils donnent le nom de *Rape*. Les quartiers de Saint-Domingue où l'on a vu les Manufactures les plus florissantes en ce genre, sont Aquin, Nippes, les Arcahaix, le Boucassin, les Vases, Mirbalais, les Gonaïves & l'Artibonite, où il s'en trouvoit d'assez considérables pour occuper cinq à six cens Negres. Le Limbé, Port-Margot, Plaisance & Saint-Louis du Port-de-Paix, sont les quartiers de la dépendance du Cap, où il s'en est fait le plus, bien que ce plus fût peu de chose en comparaison des précédentes. Mais la Louisianne commence à en fournir quantité de très-beau: on ne sait ce qui empêche les habitants de Cayenne de s'y adonner avec la même ardeur, le peu d'Indigo qui vient de ce pays étant très-estimé.

L'Indigo bâtard differe de la précédente espece, sur-tout par la supériorité de sa grandeur; il croît par-tout, mais toujours moins haut dans une terre ingrate: sa feuille est plus longue & plus étroite que celle du franc, moins épaisse, d'un verd beaucoup plus clair, un peu plus blanc par le dessous; le revers de cette feuille est garni d'un poil subtil, piquotant, facile à détacher & très-inquiétant pour les Negres qui s'en chargent. Ses siliques plus courbées que celles du franc, sont jaunes, & ses graines noires, luisantes comme de la poudre à feu, & ayant, comme celle de toutes les autres especes, la forme de petits cylindres. Il croît jusqu'à six pieds de hauteur, & même beaucoup plus. S'il est vrai, comme on n'en peut guere douter, que quelques-uns ayent réussi à en tirer parti après qu'il a atteint une extrême grandeur & qu'il a porté fleur & graine, il n'en est pas moins vrai que c'étoit faute de mieux, & que la rareté comme la difficulté du succès, comparées avec les expériences inutilement réitérées par les meilleurs Indigotiers,

Indigotiers, doivent engager à suivre, autant qu'il est possible, l'usage ordinaire où l'on est de le couper lorsqu'il approche de trois pieds & qu'il entre en fleur, dont l'odeur suave est très-remarquable, & que pressant légérement une poignée de son feuillage, il est assez roide pour se rompre un peu, & faire un petit bruit comme s'il crioit dans la main. Ces deux dernieres remarques de la fleur & du cri, conviennent également à l'Indigo franc comme au bâtard, quelque hauteur qu'ils ayent, & servent en général de regle pour la coupe de l'un & de l'autre. Il y a pourtant des circonstances où il est nécessaire de l'avancer, & d'autres où il faut la différer. L'Indigo se trouve dans le premier cas, lorsque la Chenille est en si excessive quantité, qu'on appréhende qu'elle n'ait tout mangé avant le temps convenable; mais il rend beaucoup moins, & la marchandise qui en provient est sujette à manquer de liaison, dont le défaut, supposé qu'on réussisse dans le reste de son apprêt, diminue toujours le prix. On se trouve dans l'autre cas, lorsque par une trop grande abondance de pluie l'Indigo a crû tout d'un coup, & qu'il y a apparence de beau temps; parce que huit jours de temps favorable lui donnent du corps & dissipent les difficultés qui pourroient se présenter à la fermentation; sans cette précaution il embarrasseroit le plus habile Maître: on se voit même quelquefois contraint par l'excès des pluies, sur-tout dans la premiere saison, de jetter toute une coupe, soit parce que son grain n'ayant point assez de corps, se dissout au buquet, soit parce que ces pluies venant à battre l'Indigo dans son état de maturité, le font décharger ou font tomber toutes ses feuilles, de maniere qu'il ne reste plus que des balais; alors pour ne pas occuper inutilement les Negres, on fait couper l'herbe sans différer, afin de ne pas retarder la coupe suivante.

La fabrique de l'Indigo bâtard est un peu plus difficile que celle du franc, & le grain de sa fécule n'est pas si gros; mais on en est bien dédommagé par les avantages que celui-ci n'a pas. Premiérement, l'Indigo bâtard vient par-tout, & en tout temps; secondement, son herbe est moins sujette aux Insectes, & elle résiste plus long-temps à leur attaque; les pluies mêmes ne sauroient l'endommager que par un excès d'autant moins commun, que les pays se découvrent & s'habitent de plus en plus. Volume pour volume d'herbe, cet Indigo rend moins à chaque cuve que le franc, parce que son feuillage porte sur de grandes souches qui tiennent beaucoup de place inutile dans la cuve. Mais ce défaut est compensé par l'étendue du terrein & la richesse de ces tiges, dont on coupe & on découvre un bon tiers de moins pour remplir une cuve. Le tout bien calculé, on trouvera que l'un revient bien à l'autre; & comme il est rare qu'il périsse dans ses commencements, on en plante toujours sans aucun égard à la difficulté de la fabrique, sur-tout dans les vieux terreins, réservant les meilleures terres pour le franc: mais il est très-délicat sur son point de maturité, qu'il faut examiner avec soin, & se bien garder d'en laisser nouer la graine; car pour lors il est très-difficile à faire; & si l'Indigotier est assez habile pour y parvenir, il rend si peu, à moins qu'on ne soit dans les plus fortes chaleurs, que la peine passe le profit. Mais si on est exact à le couper à propos, on en fait de l'Indigo magnifique, lorsqu'on porte tous ses soins tant à la fermentation qu'au battage.

Cette espece d'Indigo est très-longue à croître; c'est pourquoi plusieurs préferent le franc, quand le terrein le permet; celui-ci en deux mois, quelquefois six semaines, peut se couper. Quant au bâtard, il lui faut plus de trois mois; nonobstant cela on fait quelquefois un mélange de l'un & de l'autre, lorsque l'arrangement des plantations ou des coupes le permet; le rejetton du bâtard ayant cela de commun avec le franc, qu'il pousse ses rejettons aussi vîte que celui-ci, & que six semaines après on les coupe & on les joint comme si les deux especes n'en faisoient qu'une. Ce mélange produit un grain ferme & de bonne grosseur, qui facilite l'Indigotier, & lui procure le moyen de conduire la fermentation & le battage du tout à son plus juste dégré.

Les habitants de Saint-Domingue ne travaillent que sur l'herbe de l'Indigo franc ou sur celle du bâtard, & la plupart regardent toutes les autres auxquelles on donne différents noms, comme des plantes dégénérées de l'une ou de l'autre de ces deux premieres especes. Le peu d'attention qu'on donne ordinairement aux choses qu'on regarde comme inutiles, a pu contribuer à cette opinion. Mais M. Monnereau, Auteur du parfait Indigotier, qui s'est fait une étude du nom & des principales différences de ces plantes incultes, y a remarqué des caracteres particuliers qui l'ont engagé à les ranger comme il convient, dans des classes séparées dont nous allons suivre l'ordre & la distinction.

L'Indigo, qu'on appelle à Saint-Domingue *Guatimalo*, est une espece qui a tant de ressemblance & de rapport au bâtard, qu'il seroit presqu'impossible de les distinguer l'un de l'autre, sans ses siliques & sa graine colorée de rouge bruni.

Le Guatimalo est très-difficile à faire, & rend beaucoup moins que le bâtard, ce qui fait qu'il n'est guere en usage; mais comme il croît avec les especes dont on veut recueillir la graine, & qu'on ne peut la trier, parce que cela demanderoit un temps infini, il s'en trouve toujours de mêlé avec l'autre.

L'Indigo sauvage ou Maron, croît dans les savanes & les terreins incultes ou abandonnés; il ressemble à un petit arbrisseau dont le brin court & touffu est fort gros, en comparaison des autres, qui n'ont guere que trois à quatre lignes de diametre au bas des tiges les mieux nourries, le commun étant beaucoup plus petit; les branches du Maron sont souvent adhérentes à sa racine; ses feuilles sont plus rondes & plus petites que celles du franc, mais très-minces: on le regarde pour cette raison comme intraitable ou peu propre à récompenser l'ouvrier de son travail. Quelques personnes m'ont cependant assuré en avoir tiré de bon Indigo. Mais il y a apparence que l'herbe étoit jeune, & qu'ils n'en avoient pas d'autre pour occuper leurs Negres en ce moment.

L'Indigo Mary a de la ressemblance au franc par ses feuilles, excepté qu'elles ſoient moins charnues ; il s'en trouve rarement. Quelques-uns aſſurent qu'il rend beaucoup ; mais on ne peut conſtater cette prétention, puiſqu'on ne connoît perſonne qui en fabrique.

Il y a encore une eſpece d'Indigo très-différente de toutes les autres, dont les branches s'étendent à plus de ſix pieds à la ronde, & dont les coſſes ont un pied de long & la figure d'une aiguille à emballer ; perſonne, ſuivant toute apparence, n'en a fait l'épreuve, puiſqu'on ne parle point de ſa qualité.

Premier Indigo ſauvage de la Jamaïque (1).

LA tige de cette plante, *fig.* 2, *Pl.* 8, eſt ligneuſe & couverte d'une écorce liſſe, d'un brun noir, s'élevant à quatre pieds de hauteur, & pouſſant par les côtés différentes branches garnies d'une quantité prodigieuſe de feuilles aîlées, placées ſur des côtes de quatre pouces de longueur, dont un bout eſt dégarni ; le reſte de ladite côte porte des feuilles accouplées vis-à-vis l'une de l'autre à un tiers de pouce de diſtance, & une ſeule à l'extrémité. Chaque paire de feuilles a une petite queue d'un huitieme de pouce de longueur ; la feuille a un pouce de long & un demi-pouce de largeur : elle eſt unie & de couleur verte, tirant ſur le bleu, ſemblable à celle des feuilles du Sain-foin. De l'aiſſelle des feuilles ſort une petite tige d'où naît un long épi, autour duquel ſont placées de très petites fleurs papillonacées partie rouges, partie vertes, d'où naiſſent ou pouſſent pluſieurs gouſſes d'environ trois quarts de pouce de long, rondes & de la forme d'une faucille, courbées en dedans de leur tige & contenant quatre pois & quelquefois plus, d'une forme quadrangulaire, de couleur brune, luiſante & de la groſſeur de la tête d'une petite épingle ; il croît ſouvent dans les champs & à l'entour de la ville. Il croît auſſi dans les Iſles Caribes.

Second Indigo ſauvage de la Jamaïque (2).

CETTE plante a une très-petite racine ; ſa tige eſt dure, ronde & verte, s'élevant à trois pieds de hauteur, ayant quelques branches de chaque côté de la cime, dont les feuilles ſont aîlées, au nombre de ſix pour l'ordinaire ou de trois paires placées vis-à-vis l'une de l'autre, & s'élargiſſant à leur extrémité à peu-près comme le *Colutea Scorpioides*, *C. B. Pin.* Leur couleur eſt d'un verd bleuâtre, & l'odeur très-déſagréable. Les fleurs d'un jaune foncé, ſont compoſées de cinq pétales, formées la plupart en aîle de papillon ; la feuille pendante ſur un petit pied. A ces fleurs ſuccede une coſſe angulaire & brune de deux pouces de longueur, contenant un rang de petites graines rhomboïdales d'un brun luiſant.

(1) Voyages de Han-Sloane à la Jamaïque, & Hiſtoire Naturelle de cette Iſle, Vol. 2, Sect. 9, *page* 37.

(2) Voyages de Han-Sloane à la Jamaïque, & Hiſtoire Naturelle de cette Iſle, fol. 48, Vol. 2, Sect. 21.

Cette plante sort avec abondance après la saison des pluies, & les terreins de la Savanne de *Saint-Iago de la Vega*, qui sont argileux, en sont remplis. Elle pousse d'abord deux feuilles séminales telles que le font différents légumes.

Rochefort (1) raconte qu'il en croît dans nos Isles de l'Amérique, une espece qui n'a pas plus de trois pieds de haut, dont la fleur est blanchâtre & sans odeur, & aussi une autre dont l'espece est semblable à celle qu'on trouve dans l'Isle de Madagascar, dont les fleurs sont petites, d'un pourpre mêlé de blanc & d'une odeur agréable, laquelle est vraisemblablement la même que Pison appelle *Banghets*, dans son Histoire de Madagascar.

Parmi les habitants qui fabriquent de l'Indigo, il y en a peu qui s'occupent à faire de la graine, c'est-à-dire, à planter de l'Indigo pour en recueillir la semence. Ces deux especes de travaux forment, pour ceux qui s'y appliquent, comme deux états séparés. Mais comme malgré la différence de leurs pratiques, ils ont un rapport essentiel l'un à l'autre, nous nous croyons obligés de rapporter ici tout ce qui est capable d'instruire ceux qui voudroient entreprendre le travail de la graine. Les habitants qui s'adonnent à cette culture, se placent ordinairement dans les Mornes; les uns récoltent la graine du franc, les autres celle du bâtard; quelques-uns font de la graine des deux especes, & jamais d'autres. Voici comme on parvient à la récolte du franc: Lorsque le terrein est préparé, les Negres *A*, *fig.* 2, *Pl.* 9, fouillent avec le coin de leur houe, *fig.* 4, *Pl.* 9, des trous *D*, *fig.* 2, *Pl.* 9, profonds de deux pouces, & distants l'un de l'autre de 8 pouces, dans lesquels on met 4 ou 5 graines d'Indigo qu'on recouvre avec le pied; on le sarcle lorsqu'il a quatre travers de doigt de hauteur, & on réitere ensuite les sarclaisons autant qu'il est besoin. Au bout de quatre mois sa fleur tombe & fait place à sa gousse; c'est ainsi qu'on appelle la silique de l'Indigo qu'on laisse sur pied jusqu'au temps de sa maturité, c'est-à-dire, jusqu'à ce qu'elle commence à noircir; on coupe alors la plante à deux pouces de terre, & on la porte telle qu'elle est sur une espece d'aire ou terrein battu & bien balayé, sur lequel on la laisse sécher; mais on la retire de dessus l'aire, & on la met à l'abri quand il pleut; lorsqu'elle est séche, on l'abat avec un gros & long bâton pour en rompre les gousses & les détacher de la plante. Quand cet ouvrage est achevé, on enleve la plante, & on la jette comme inutile, après quoi on ramasse les gousses & la graine qui en est déja séparée, & on conserve l'un & l'autre en tas *F*, *fig.* 10, *Pl.* 5, dans des magasins. Lorsqu'ils ont fini leur récolte & qu'ils en veulent vendre, ils la font piler dans un mortier *C*, *fig.* 11, *Pl.* 5, de bois. Ce mortier est fait d'un gros rouleau de bois creusé par un bout de la profondeur de deux pieds; son entrée a un pied de diametre, & elle va toujours en diminuant jusqu'à son fond, ce qui représente en creux la figure d'un pain de sucre renversé. Le manche ou pilon *D*, *fig.* 12, *Pl.* 5, est un morceau de bois dur de quatre pieds & demi de longueur, & de la grosseur d'environ

(1) Jardin Indien Malabare, par M. Rhede, Tome I, *page* 101 & *suivantes*.

deux

deux pouces & demi de diametre, arrondis par en bas; lorsqu'on a rempli de gousses le pilon, on met à l'entour deux ou trois Negres *E*, *fig.* 13, *Pl.* 5, avec chacun un manche tel qu'on vient de le décrire, & ils la pilent jusqu'à ce que la graine soit séparée de sa gousse; après quoi ils la vannent, la nétoient & la mettent ensuite dans des bariques défoncées par un bout; cette graine se vend par barils aux habitants Indigotiers. Ces barils sont les mêmes que ceux dans lesquels on met la farine qu'on envoie de France à l'Amérique.

Les souches de l'Indigo poussent après la coupe, de nouveaux jets qui produisent comme les précédents, & dont on ramasse la graine comme ci-dessus.

L'Indigo franc coupé de cette façon, peut résister environ deux ans; mais comme il périt toujours quantité de souches à chaque coupe, on remet l'année suivante de la graine dans les endroits dégarnis.

La plantation & les sarclaisons de l'Indigo bâtard se font de la même maniere que celles du précédent; mais sa graine se ramasse tout différemment, parce qu'elle ne mûrit jamais tout à la fois, les basses branches fleurissant & donnant leurs gousses bien plutôt que celles d'en haut. Lorsque ces gousses mûrissent, elles sont d'un rouge noir, ou d'un verd noir, ainsi que celles du franc. Si on la laissoit trop long-temps sur la branche, elle noirciroit tout-à-fait, & cet excès de maturité endurcissant trop la graine, la rendroit plus difficile à lever. Lorsqu'on s'apperçoit aux remarques ci-dessus, qu'elle est bonne à prendre, on fait porter des paniers aux Negres sur le lieu où ils doivent la ramasser. Lorsqu'ils y sont rendus, ils suivent les pieds d'Indigo l'un après l'autre, & ils en détachent les gousses qui sont mûres, à pleines mains; car elles viennent par paquets ou floccons de distance en distance le long des branches; ils apportent à midi & le soir leurs paniers qui en sont remplis. On expose cette graine au soleil sur des draps de toile, jusqu'à ce qu'elle soit bien séche; après quoi on en pile les gousses ainsi que celles du franc; on la vanne ensuite, & on la serre dans des bariques défoncées par un bout. Aussi-tôt que la cueillette générale des basses branches est finie, on travaille à celle des branches supérieures & de la cime, qui se fait comme la précédente. Cette seconde cueillette est à peine terminée, qu'on en recommence une nouvelle sur les premieres branches, où il se reproduit bien vîte d'autre graine qui a mûri dans cet intervalle, & ainsi de suite.

Mais comme l'Indigo bâtard végete beaucoup, & qu'il croît jusqu'à 12 pieds de haut dans les bons terreins, ce qui rend la cueillette de sa graine extrêmement difficile, & que la vieillesse de sa tige pourroit nuire à son rapport, on a soin de la couper tous les ans à 4 ou 5 pouces de terre, afin que sa souche donne des rejettons qui produisent la même quantité de graine, dont on fait la récolte beaucoup plus aisément. Cette herbe se soutient ainsi plusieurs années.

La graine de l'Indigo franc & celle du bâtard, ont exactement la même figure cylindrique, c'est-à-dire, ronde sur sa longueur & plate par les deux bouts.

La couleur du franc eſt d'un jaune rembruni tirant un peu ſur le verd, quelquefois ſur le blanc quand elle n'eſt pas bien mûre.

La couleur de la graine du bâtard eſt noire lorſqu'elle eſt bien mûre, & ce noir tire un peu ſur le verd lorſqu'elle l'eſt moins. La graine du franc eſt toujours un peu plus groſſe que celle du bâtard.

L'Indigo qui vient dans les montagnes, de même que celui qui croît dans les plaines, eſt ſujet à être endommagé par une multitude d'inſectes, ainſi que nous l'avons fait voir dans le commencement de ce Chapitre. Mais comme nous n'avons rien dit du tort que la Punaiſe fait à ſa graine, nous allons en parler ici. Le corps de cet inſecte qui a pluſieurs pieds, eſt gros comme le bout du petit doigt. Il eſt de figure ovale depuis la tête juſqu'au derriere, & un peu applati par deſſus & par deſſous. Il y a des eſpeces qui ſont brunes & d'autres noires; mais la plus nombreuſe eſt verte, & toutes ſont extrêmement puantes; quand elles ſont groſſes & vieilles, elles volent par bonds de 20 ou 30 pieds & plus. Cet inſecte n'exerce ſa malignité que ſur la graine de l'Indigo dans le temps qu'elle n'eſt que formée & encore en lait; elle fait un petit trou à la gouſſe par lequel elle en ſuce toute la ſubſtance; cela n'empêche pas cette gouſſe de reſter attachée par ſa queue à la branche, ſans pour ainſi dire changer de couleur, & ſans paroître beaucoup différente de celles qui n'ont point été ſucées. Mais lorſqu'on vient à la cueillir, on ne trouve plus rien dedans. Il ſe rencontre des années où ces animaux ſe multiplient ſi prodigieuſement, qu'on ne ramaſſe que peu ou point de graine. Lorſqu'on craint un pareil événement, on envoie les Negres à la place, c'eſt-à-dire, ſur le lieu de la plantation, où ils les écraſent ſans cérémonie entre les doigts. Il eſt cependant un autre moyen pour les détruire : c'eſt de mettre un troupeau de Pintades dans la place, & de les faire garder par des Négrillons & Négrittes, dans le temps que la graine eſt en lait, & même juſqu'à ce qu'elle ſoit cueillie; car, quoiqu'elle ſoit mûre, elles ne laiſſent pas que d'y faire encore beaucoup de dommage. Les Pintades en ſont très-avides & fort adroites à les attraper, même dans leurs bonds, en partant après elles de plein vol & d'un trait à l'inſtant qu'elles les apperçoivent.

CHAPITRE TROISIEME.

Du Terrein, de la Culture & de la Coupe de l'Indigo.

LE lieu le plus favorable à la plantation de l'Indigo est une terre neuve, parce qu'elle est ordinairement remplie de sels propres à la végétation, que les insectes qui lui font plus de tort, ne s'y sont point encore établis, & que les mauvaises herbes, pendant près de deux ans, y font peu de progrès. Il arrive cependant quelquefois que le feu qui a passé sur certains terreins nouvellement défrichés, qu'on appelle *degras*, (parce qu'on a l'habitude de brûler en ces pays tout le bois de haute-futaye & autres sur le lieu même où on l'a abattu,) & les cendres qui en proviennent en trop grande abondance, forment un obstacle considérable à la végétation, ce qui fait que l'Indigo n'y vient pas aussi épais ni aussi beau qu'on devroit s'y attendre; mais il ne faut point s'en étonner, parce qu'on est amplement dédommagé de ce retard par la suite.

Quoiqu'il se trouve d'excellents fonds de terre rouge & blanchâtre, il faut cependant convenir qu'on préfere en général à toutes les autres celles qui sont noires, légeres, en costieres ou en pente douce, parce que cette position les préserve du séjour des pluies très-nuisibles à cette plante, qui se flétrit, jaunit & meurt lorsquelle se trouve sur un fond de terre plate où l'eau croupit; c'est pourquoi l'on doit avoir attention, quand on est dans ce cas, d'élever le milieu des carreaux qui sont sujets à cet inconvénient, & de pratiquer de petites rigoles tout autour qui s'écoulent dans une plus grande, & celle-ci dans un fossé; en prenant ces précautions, on peut tirer bon parti des terreins bas & plats; mais ils ont toujours cela d'incommode, qu'il faut attendre que la saison des fortes pluies, qui cause souvent des débordements, soit passée avant de planter; car une inondation capable de couvrir l'Indigo pendant cinq ou six heures, suffit pour le faire périr, par le limon qu'elle dépose sur ses feuilles. D'ailleurs, la trop grande humidité & la chaleur font pourrir la graine ou végéter avec elle une quantité prodigieuse de mauvaises herbes qui étouffent la jeune plante, sans qu'on puisse y porter les secours des sarclaisons, qui sont impraticables dans un terrein trop mol.

La délicatesse de cette plante exige en outre toujours beaucoup de propreté & de ménagement; c'est pourquoi on débarrasse, autant qu'il est possible, le terrein qu'on lui destine, de toutes les pierres qui pourroient la gêner, & de toutes les mauvaises herbes, comme les deux especes de *Mal-nommées*, grande & petite, le *Pourpier sauvage*, dont les feuilles ont en ce pays la vertu réproductive ou végétative; le *Chiendent*, l'*Herbe à balai & celle à Bled*, l'*Herbe à Calalou*, le *Pied de poule*, & autres qui affectent singuliérement sa compagnie;

on rencontre auſſi ſouvent dans les terreins à Indigo, d'excellentes truffles blanches, remarquables par quantité de petits filaments blancs étendus en rond & adhérents à la ſuperficie de la terre dont elles ſont couvertes. Cette plante profite cependant très-bien dans des terreins remplis de petite rocaille blanche, qu'on appelle *Roche à chaux*, parce que cette terre eſt ordinairement très-légere & pleine des ſels fertiles de cette roche qui y entretient la fraîcheur. Mais en général on tâche de nétoyer & d'unir même les terreins défectueux autant qu'il eſt poſſible ; cette grace contribue toujours à l'avancement de la plante & au ſoulagement de ceux qui la cultivent. Comme l'Indigo n'aquiert toute ſa grandeur & ſa qualité qu'à l'aide des pluies douces & des grandes chaleurs, l'air tempéré, les quartiers pluvieux, les terreins trop frais & ombragés lui conviennent peu. Ainſi la méthode de le planter entre les jeunes Cafés lui eſt très-préjudiciable. On ne peut le cultiver long-temps ſur les hauteurs, à moins qu'il ne s'y trouve des platons, parce que les pluies dégradent la terre meuble de la ſuperficie, qui eſt toujours la meilleure, laquelle étant emportée, ne préſente plus qu'un ſol aride & rempli de pierres.

Les habitants dont les terreins ſont ſujets à ſe reſſentir des pluies que la fraîcheur de l'Automne amene, & qui ne veulent pas riſquer leur graine en cette ſaiſon, commencent à planter leur Indigo à la fin de Décembre, & peuvent continuer juſqu'au mois de Mai. Cette derniere plantation eſt même la plus favorable, n'étant pas ſi ſujette au brûlage ; mais comme la ſaiſon eſt trop avancée dans ce dernier temps, elle ne produit que deux ou trois coupes, après quoi l'arriere-ſaiſon arrivant, la plupart des ſouches meurent d'épuiſement ; mais on coupe juſqu'à cinq fois celui qui eſt planté dès le commencement de Novembre. L'uſage veut qu'on diſe *planter*, & non pas *ſemer* ; en effet, au lieu de jetter la graine à l'aventure, on la répand avec meſure dans chaque trou *D*, *fig.* 2, *Pl.* 9, fait exprès avec la houe : mais auparavant il faut arracher avec cet inſtrument les vieilles ſouches ; après quoi on les raſſemble avec le rabot ou un rateau ſans dents, *fig.* 8, *Pl.* 9, & on y met le feu. On retravaille enſuite à fond tout ce terrein avec la houe, qui doit y entrer d'un demi-pied.

La houe, *fig.* 4, *Pl.* 9, eſt un inſtrument à peu-près ſemblable à celui dont les Maçons ſe ſervent pour gâcher leur mortier, à l'exception que le fer en eſt plus large. Quelques-uns prétendent que la pelle ou bêche eſt d'un uſage bien ſupérieur à la houe ; d'autres s'eſtiment heureux d'avoir pu accoutumer leurs Negres à travailler la terre avec la charrue. Il eſt de fait que la beauté de l'herbe dépend en grande partie de la profondeur de la fouille des terres ; on doit cependant avertir qu'une plantation faite dans une terre trop ameublie par le labour ou par le rapport des terres dépoſées par les pluies dans les bas-fonds, eſt ſujette à pluſieurs inconvénients ; car il eſt certain que ſi les Negres n'aiguiſent pas bien les couteaux, *fig.* 7, *Pl.* 9, dont ils ſe ſervent pour couper l'Indigo, ils en arracheront une grande partie, ou lui cauſeront un ébranlement mortel ; d'ailleurs cette

cette vigueur des tiges, remarquable par leur grandeur & leur grosseur, en cause quelquefois la perte totale, après une premiere coupe très-avantageuse, soit parce que les fibres de leur souche ont acquis une trop grande solidité ligneuse, soit que l'ardeur du soleil en surprenne les racines accoutumées à un ombrage continuel, soit enfin que la végétation épuisée par un si grand effort, se refuse à une nouvelle réproduction.

Au surplus, nous n'épousons aucun systême particulier au sujet de l'emploi de ces divers instruments, étant évident qu'on ne peut, sans la plus grossiere ignorance, assujettir à une même façon tant de terres différentes; il est cependant constant que la houe est celui dont l'usage est le plus universel.

Outre cette premiere façon dont nous venons de parler, il est encore indispensable de donner ensuite à ce terrein trois ou quatre sarclaisons préparatoires, si on veut le mettre en état de recevoir la graine aux premieres pluies convenables. Si le terrein est déja un peu usé ou maigre de sa nature, on répand dessus dès le premier labour, de l'ancien fumier d'Indigo ou autres engrais; les avantages qu'on en retire dédommagent amplement de cette pratique, qui n'est pas aussi usitée qu'elle devroit l'être.

On vient de dire qu'il faut arracher les vieilles souches, quoiqu'on n'ignore pas qu'il pourroit en résister une partie jusqu'à la fin de l'année suivante. On parle ici de l'Indigo bâtard; car l'Indigo franc périt assez communément au bout de l'année. Mais il y en a peu qui ayent recours à cette ressource, qui exige alors un recourage de graine pour remplacer les souches qui sont mortes; aussi préfere-t-on généralement la méthode de replanter tout à neuf. Pour cet effet, on sépare d'avance le terrein par divisions *P*, *fig.* 1, *Pl.* 6; on partage ensuite d'un bout à l'autre, les quartiers renfermés entre ces divisions, pour former sur toute leur longueur des carreaux ou des planches *Q*, *fig.* 1, *Pl.* 6, de 13 à 14 pieds de large, auxquelles on donne aussi le nom de *Chasses*. Lorsqu'on est sur le point d'en faire la fouille, les Negres *A*, *fig.* 2, *Pl.* 9, se rangent sur une même ligne à la tête du terrein tiré de tous côtés au cordeau, & marchant à reculons, ils font de petites fosses *D*, *fig.* 2, *Pl.* 9, avec le coin du fer de leur instrument, distantes de 5 à 6 pouces en tous sens, de la profondeur d'environ deux pouces, & en ligne droite, s'il est possible, au point d'où ils sont partis; mais les Negres d'un attelier sont rarement capables d'observer cette régularité si propre à faciliter le sarclage. A mesure que les Negres font des trous, les Negresses *B*, *fig.* 2, *Pl.* 9, qui tiennent un *Coui* ou côté de calebasse *C*, *fig.* 9, *Pl.* 9, plein de graines, y en laissent tomber 5 à 6, & crainte d'erreur, les recouvrent tout de suite en passant le pied par-dessus, ce qui laisse moins d'incertitude que lorsqu'on les fait recouvrir par d'autres avec le rabot, dont l'expédition est, à la vérité, plus prompte. Mais de quelque façon qu'on le pratique, il faut toujours avoir attention de faire passer environ un pouce de terre par-dessus la graine. Cinq ou six graines suffisent pour l'Indigo franc, & trois à quatre pour le bâtard. Quand la terre eſt bonne, la diſtance des trous, leur profondeur & la quantité des graines qu'on y met, varie d'un quartier & ſouvent d'une habitation à l'autre.

Certains habitants, pour économiſer leur graine & prévenir la négligence des Negres ſur ce point, la font mêler avec de la cendre ou du ſable fin; ce dernier eſt le plus commode pour les Négreſſes, qui les diſtinguent & en ſéparent mieux le nombre qu'elles jugent à propos de répandre. On emploie ordinairement la moitié des Negres à fouiller les trous, & l'autre moitié à planter la graine.

On ne peut ſe diſpenſer en ce lieu de parler d'un inſtrument uſité en certains quartiers pour aligner & pour accélérer la plantation. Cet inſtrument eſt un rateau *A*, *fig.* 10, 11 & 12, *Pl.* 9, armé de 9 à 11 dents *R*, *fig.* 11, *Pl.* 9, de fer droites, écartées l'une de l'autre de quatre pouces: l'avant-train de ce rateau eſt compoſé de deux branches *E*, *fig.* 12, *Pl.* 9. écartées d'un pied & demi, dont les extrêmités traverſent une barre *F*, ſur laquelle on applique trois Negres, *G*, *fig.* 1, *Pl.* 9. l'arriere-train de ce rateau préſente deux manches *H*, ſéparés, entre leſquels ſe place un quatrieme Negre *I*, *fig.* 1, *Pl.* 9, qui dirige la marche de cet inſtrument.

Lorſqu'on a préparé & uni le terrein, en rompant les mottes & en battant la terre, ce qui s'exécute très-bien avec un bâton, on aligne les diviſions & on fait tirer le rateau ſur un côté du travers de toutes les planches *Q*, *fig.* 1, *Pl.* 6, qui ſont renfermées entre ces diviſions *P*, *fig.* 1, *Pl.* 6. Ce premier tirage forme neuf petits ſillons, *K*, *fig.* 1, *Pl.* 9. profonds de deux travers de doigt. Quand le rateau eſt au bout de ce côté de la piece de terre, on le retourne & on en poſe la premiere dent dans le petit ſillon dont il eſt le plus près: on continue de labourer ainſi toute la piece qui, par ce moyen, eſt bientôt fouillée & expédiée avec peu de Negres. S'il étoit poſſible d'établir ſur ce rateau le méchaniſme de quelqu'un des Semoirs inventés par différents Auteurs célébres, on pourroit dire qu'il ne manqueroit rien à la perfection de cet inſtrument, & à l'expédition de ce travail.

La plantation de ces ſillons ſe fait auſſi fort promptement & exactement. Chaque Négreſſe *L*, *fig.* 1, *Pl.* 9, ſe met en face des rayons qu'elle doit enſemencer, qui ſont au nombre de 5 ou 6, & en baiſſant un peu la main devant le fond de chacun des ſillons, elle y répand deux ou trois graines en peloton: elle continue ainſi en avançant le corps & la main de quatre en quatre pouces. Les Négreſſes qui ſont à ſes côtés en font autant, & la piece eſt plantée de cette maniere très-vîte & très-exactement. Pour couvrir enſuite la graine, on fait paſſer deſſus le terrein un balai extrêmement rude, dont les branches ſont écartées & égales par leur extrêmité. Le manche de ce balai doit être très-long, afin que les Negres lui faſſent parcourir un grande eſpace, & ne ſe baiſſent pas beaucoup. Au reſte, dans les quartiers où l'on obſerve à-peu-près ce que nous venons de dire, on ne fait paſſer ce balai qu'aſſez légérement ſur la ſuperficie du terrein, parce qu'ils ſont perſuadés qu'une ligne de terre ſur la graine de l'Indigo eſt ſuffiſante ; pluſieurs même ſe diſpenſent de cet ouvrage, qu'ils regardent comme fait par la marche & le mouvement des Négreſſes qui ont paſſé deſſus la graine en la plantant : ceux qui ont l'avantage de pouvoir arroſer leurs terres, s'en diſpenſent encore plus volontiers, parce que les inondations artificielles qu'on leur procure ſuffiſent pour enſevelir la graine autant qu'ils le deſirent. La maniere d'arroſer les terres fera le ſujet d'un autre article.

Le temps eſt très-précieux dans nos Colonies, & ſur-tout celui où la pluie invite à planter l'Indigo ; c'eſt pourquoi on prépare & on diligente ce travail afin d'en profiter ; car la terre étant une fois ſeche, il faut ceſſer de planter.

On eſt cependant quelquefois obligé de planter à ſec, c'eſt-à-dire, dans une grande ſéchereſſe, afin d'avancer la plantation, un grain de pluie ou deux de ſuite n'étant pas ſuffiſants pour planter un vaſte terrein ; mais on ne riſque cette façon de planter, qu'aux approches d'un temps où vraiſemblablement on aura de la pluie. On fait donc des trous dans cette terre ſéche pour recevoir la graine qu'on y plante, & qu'on recouvre ſur le champ : c'eſt une grande avance pour l'habitant, lorſque le ſuccès répond à ſon attente. Il voit lever cette graine tout à la fois, pendant qu'il a le temps d'en planter d'autre par l'occaſion du même grain de pluie : mais ſi au contraire le temps perſiſte au ſec, plus ou moins, il court riſque de perdre toute ſa graine, qui s'échauffe ou ſe durcit par l'extrême chaleur ; il paſſe même ſouvent de faux grains de pluie dans cette ſaiſon qui, ne faiſant qu'effleurer la terre, font ſortir & pourir le germe de la graine, qui n'a pas la force d'en ſoulever la ſuperficie ; ce qui cauſe une perte d'autant plus grande à l'habitant, qu'elle comprend le temps perdu des eſclaves, un retard conſidérable à ſes revenus, & enfin le prix de la graine, qui eſt un objet intéreſſant, ſuivant la quantité qu'il en a planté, & l'enchériſſement de cette denrée, lorſque ces contre-temps ſont généraux.

Quand l'Indigo franc eſt planté à propos, le troiſieme jour après la pluie on le voit lever ; mais la graine bâtarde eſt quelquefois plus de huit jours avant de pouſſer, tantôt plutôt, tantôt plus tard, ſuivant ſon dégré de maturité, & par cette raiſon, jamais tout à la fois : à chaque grain de pluie il en ſort de terre ; il n'eſt pas même rare d'en voir lever d'une année à l'autre, quand elle eſt trop mûre ; auſſi a-t-on ſoin de prévenir cet excès de maturité, en cueillant la gouſſe, lorſqu'elle commence à ſécher. Cette herbe uſe beaucoup la terre, & par conſéquent demande à être ſeule ; ainſi il ne faut pas s'endormir ſur les ſarclaiſons. On lui donne cette premiere façon quinze jours ou trois ſemaines après qu'elle eſt ſortie de terre, & enſuite les autres de quinze jours en quinze jours.

Comme les Negres n'obſervent pas toujours une grande ſymmétrie en fouillant les trous pour planter l'Indigo, ils marchent ſouvent deſſus, lorſqu'il eſt queſtion de le nétoyer ; mais quand le terrein eſt dégarni de pierres, cela ne lui fait aucun tort, & la jeune plante ſe releve tout de ſuite.

Ces ſarclaiſons ſe font, quand le cas l'exige, à la main, & plus communément avec la *Gratte*, *fig.* 14 & 15, *Pl.* 9. C'eſt un petit inſtrument de fer, dont chaque extrémité s'élargit de deux ou trois doigts en forme de patte d'oie, & dont un bout eſt courbé en tour d'équerre. On ſe ſert quelquefois d'un morceau de cercle de fer courbé tout ſimplement, ou du bout de la ſerpe, *fig.* 16, *Pl.* 9. On a ſoin de ramaſſer dans des paniers & de faire jetter à chaque fois hors des entourages & ſous le vent, toutes les mauvaiſes herbes qu'on arrache, étant bien perſuadés que les racines & les feuilles mêmes qui ont reſté, ou les graines que les grands vents répandent, ſecondées par les abondantes roſées & la chaleur, fourniront, ſous peu, matiere à une ſemblable récolte : ce qui eſt cauſe que certains habitans pouſſent la propreté & l'exactitude juſqu'à faire balayer leur terrein à chaque ſarclaiſon, afin d'enlever juſqu'aux moindres brins d'herbe, dont la plûpart ont, comme nous l'avons expoſé ci-deſſus, la vertu réproductive.

Cet ouvrage ſi fréquent eſt très-pénible pour les Negres, qui ſont obligés d'avoir toujours la tête baiſſée, pour vacquer à ce travail, qui ſe continue juſqu'à ce que l'Indigo ſoit en état de couvrir la terre de ſon ombre. Lorſqu'il eſt parvenu à ſon point de maturité, on le coupe à un bon pouce de terre avec de grands couteaux courbes, en façon de faucille, à l'exception qu'ils n'ont point de dents. *Voy. fig.* 7, *Pl.* 9. Mais dans les fonds de terre excellents, où l'Indigo bâtard croît quelquefois juſqu'à ſix pieds auparavant la maturité de ſon herbe, la ſouche en eſt ſi groſſe & ſi forte, qu'on eſt obligé de la couper avec la ſerpe, *fig.* 16, *Pl.* 9. on ſe ſert enſuite du couteau pour en abattre ſur le lieu les menues branches, qu'on réſerve pour en charger la cuve, & on jette le reſte, qui ne peut qu'embarraſſer. Tous ces détails n'alongent cependant pas beaucoup l'opération, parce que tous ces travaux ſe font avec une grande activité.

L'Indigo étant coupé, l'uſage eſt de ſe ſervir en quelques habitations de balandras pour emporter la petite comme la grande herbe ; ces balandras ſont des morceaux de ſerpilliere ou groſſe toile, de la longueur d'une aune & de la même largeur, afin qu'ils ſoient quarrés, aux coins deſquels on met des liens : chaque balandra ainſi rempli fait la charge d'un Negre. On ſe contente ſur d'autres habitations d'en faire ſimplement des paquets qu'on attache avec l'Indigo même ou avec des cordes ; puis on délie cette herbe dans la cuve, où on la répand également ſans y laiſſer de vuide. On obſervera ici que l'Indigo a une ſi grande diſpoſition à fermenter, que pour peu qu'on le laiſſe lié en paquets, il s'échauffe & devient tout brûlant. Auſſi en prévient-on les ſuites, qui ſeroient très-préjudiciables à la fabrique, en faiſant porter ſans différer ces paquets par les Negres ; mais dans les grandes habitations où les Indigoteries ſont ſouvent fort éloignées du lieu où l'on a coupé l'herbe, & où l'on fait quelquefois 4 ou 500 paquets à la fois, dont le tranſport ſeroit auſſi long que pénible,

pénible, on charge ces paquets sur des cabrouets à mulets. Chaque cabrouet doit voiturer 50 paquets, qui font la charge ou le remplissage d'une cuve. L'usage de ces grandes habitations est d'embarquer leur herbe vers le soir & au commencement de la nuit, afin de mieux juger à la clarté du jour qui suit, du dégré de la fermentation, & du temps où il convient de couler les cuves. Au reste, on doit aisément concevoir qu'il ne conviendroit pas de remettre l'embarquement de tant d'herbe à la nuit, si l'on n'avoit en même temps la commodité de pouvoir remplir ensuite tout d'un coup les cuves avec l'eau de quelque riviere voisine de la maniere qui va être expliquée, après que nous aurons exposé ce qu'il est nécessaire de faire pour en retenir les eaux, les distribuer & les employer à l'arrosage de l'Indigo.

L'époque de la retenue des rivieres pour arroser l'Indigo n'est pas fort ancienne à Saint-Domingue. Le préjudice & la désolation qu'une extrême sécheresse ne cause que trop souvent à une plantation, ayant engagé, il y a environ 40 ans, un habitant des Arcahaix, voisin d'une riviere, à en détourner un filet sur une partie de son terrein, planté en Indigo; le succès de sa tentative engagea plusieurs Riverains à l'imiter, & la riviere fut bien-tôt à sec; les plus éloignés, qui en furent privés, s'étant plaints de cette appropriation, on convoqua une assemblée générale des habitants, où l'on dressa des Réglements pour réformer cet abus, & pour établir un ordre constant au sujet de la prise de ces eaux, dont l'usage devint bien-tôt général.

Nous allons donner le précis le plus succinct qu'il nous sera possible de ces réglements, des travaux qui y ont rapport, & de la conduite qu'on doit observer dans l'arrosage de l'Indigo.

Précis des Réglements enregistrés au Conseil Supérieur du Port-au-Prince, pour servir de Loix touchant la distribution de l'eau des Rivieres.

LES rivieres d'un même quartier seront partagées entre tous les habitants, proportionnellement à la quantité de leurs terres arrosables; pour cet effet on construira sur chaque riviere une digue avec un bassin, autour duquel on formera les écluses d'où partiront les canaux qui se rendront à des bassins particuliers, où l'on fera la répartition des eaux conformément aux régles ci-dessus.

On établira un Arpenteur hydraulique Juré pour régler les ouvertures de ces différens bassins, & veiller aux rétablissements de leurs bornes, lorsqu'elles seront endommagées.

L'Arpenteur sera présent lorsqu'on posera les pierres des ouvertures de ces bassins, & les grisons qui doivent se trouver dans les bassins de distribution, pour que l'eau se partage de tous côtés avec égalité.

L'habitation supérieure sera obligée de donner un passage convenable à l'eau de ses inférieures, qui ne seront tenues de lui payer que la valeur de la terre qu'elle traverſe, ſans avoir égard au dommage que ce canal peut lui cauſer.

Le Propriétaire de l'habitation ſupérieure ne pourra diſpoſer en aucune maniere de l'eau de ſon inférieur, ni y conduire aucun égout capable de la gâter, ſous peine de punition corporelle.

Tous les habitants qui tireront leur eau d'une même riviere ſeront obligés d'envoyer une certaine quantité de Négres proportionnée à leur priſe d'eau, pour en nettoyer le lit, les baſſins & les canaux généraux. Mais les baſſins & canaux particuliers ſeront entretenus ſuivant les mêmes proportions par les ſeuls Négres de ceux qui ſont aſſignés pour y prendre leur eau.

Chaque habitant entretiendra à ſes dépens les canaux qui ſont pour le ſervice unique de ſon habitation; mais il ne ſera point tenu du ſoin des autres, auxquels il ſera obligé de livrer paſſage pour l'utilité de ſes inférieurs.

LES habitants des quartiers de Saint-Domingue qui participent aux ouvrages dont on vient de parler, ont ſoin d'établir un gardien tout auprès du baſſin *D*, *fig.* 1, *Pl.* 6, à écluſe, auquel on donne 2500 ou 3000 livres (1) d'appointement par an, avec une maiſon *O*, un magaſin, & une ou deux caſes à Négres, trois ou quatre eſclaves & cinq ou ſix carreaux de terre de 100 pas quarrés de 3 pieds & demi le pas; le tout acheté à frais communs des aſſociés à la même riviere, ſuivant les proportions ci-deſſus. Le devoir de ce gardien eſt de tenir les écluſes ouvertes dans les beaux temps, & de les fermer lorſqu'il tombe des pluies d'avalaſſe dans les hauteurs du quartier & les environs de la riviere, afin de l'empêcher alors d'enfiler les canaux & les habitations, où elle ne manqueroit pas de cauſer des dommages infinis, dont il eſt reſponſable.

Il eſt pareillement obligé de prévenir les habitans du dégât de ces inondations & autres préjudices faits au Batardeau & aux autres ouvrages qui en dépendent, afin qu'ils les faſſent réparer ou nettoyer ſuivant le beſoin. Nous allons maintenant parler de la diſpoſition & de la façon de tous ces ouvrages.

A la tête de la digue *B*, *Pl.* 6. eſt le courſier *C* qui conduit l'eau de la riviere *A* au baſſin *D*, dont la hauteur des bords ſe régle ſur la quantité d'eau qu'on veut retenir pour le ſervice des habitations: ce baſſin a ordinairement trois écluſes *E*, à l'entrée deſquelles on pratique des couliſſes pour recevoir les pelles *F* qu'on leve dans les beaux temps, & qu'on abaiſſe lorſqu'il pleut d'avalaſſade. Deux de ces écluſes ſont deſtinées au paſſage des eaux qui vont ſe rendre à des baſſins *H*, où l'on en fait la diſtribution convenable à chaque habitation. Ces deux écluſes ſont placées aux deux côtés du baſſin *D*; la troiſieme eſt droite au milieu de la digue, & la ſépare en deux parties, depuis le haut juſqu'au niveau du fonds du baſſin. Cette écluſe dont la largeur eſt ordinairement d'environ 2 pieds, ne s'ouvre que lorſqu'on veut nettoyer le baſſin ou les deux autres écluſes.

(1) 3000 liv. dans nos Iſles de l'Amérique ne font que 2000 livres, argent de France.

Les massifs de la digue des éclufes & du courfier doivent être faits de groffes pierres dures convenablement à l'ouvrage. Le fonds du baffin eft pavé de femblables pierres taillées, & bien de niveau jufqu'à la moitié du courfier. Les bords du baffin, du courfier, de la digue & des éclufes, doivent être revêtus d'une forte maçonnerie, couverte par de larges pierres, arrêtées par des liens de fer pour réfifter à l'effort du courant le plus violent.

Chaque éclufe des côtés, plus étroite en dedans qu'en dehors, doit fe décharger dans un canal féparé *G*, qui va fe rendre par un courfier particulier, au baffin *H*, qu'on appelle *de diftribution*, parce que c'eft à ce baffin que fe fait la répartition des eaux. Le contour de ce baffin eft rond, & le fond plat, & parfaitement de niveau: toutes ces parties font maçonnées, comme celles du premier dont nous avons parlé ci-deffus; mais les différentes ouvertures *I* qu'on y fait pour la diftribution des eaux n'ont point de pelles, parce que dans le temps des grandes pluies on doit fermer celles du baffin *D* à éclufe, tandis qu'on leve celle qui eft au milieu de la digue *B*.

On plante vers l'entrée de chaque baffin de diftribution, trois grifons *K* debout en forme de trépied, contre lefquels vient frapper l'eau qui arrive directement fur eux. Ces grifons font des pierres de taille quarrées qui fervent à ralentir le cours de l'eau & à la faire s'étendre avec égalité vers les ouvertures de diftribution, auxquelles on donne moins de largeur du côté du baffin *H*, que du côté des canaux *L* particuliers qui vont la porter à chaque habitation.

Comme une petite quantité ou un filet d'eau peut être aifément abforbé en parcourant un terrein d'une étendue confidérable pour fe rendre à fa deftination, les habitants les plus éloignés du baffin de diftribution *H*, en tirent par une même éclufe toute leur eau en commun, & ils l'amenent par un canal commun *M*, jufqu'à un autre baffin *N* de convenance, où la fubdivifion s'en fait par les mêmes moyens que dans le précédent, & fuivant les mêmes régles.

Lorfqu'on veut arrofer un terrein *Q*, *fig.* 2, *Pl.* 10, on amene l'eau dans la rigole *R* qui eft à côté du carreau *P*, qu'on a deffein d'humecter; on enleve enfuite d'un coup de houe la terre du rebord du carreau *P* à l'endroit où l'on fuppofe que commence l'arrofage, & l'on met cette terre dans la rigole *R*, vis-à-vis & au-deffous de l'ouverture *T* qu'on vient de faire, ce qui forme un petit batardeau *V* qui oblige l'eau de s'élever & de fe répandre fur le carreau qui doit avoir une pente infenfible. C'eft pourquoi on a foin de barrer l'eau qui coule fur le carreau, de diftance en diftance, avec de longues torques *Y* faites de feuilles de Banannier entortillées, afin que l'eau s'étende également fur tout le travers de la planche, & qu'elle ait le temps de féjourner fucceffivement fur toutes les parties d'une étendue d'environ 100 pieds de long plus ou moins; après quoi on débouche la rigole pour amener l'eau à 100 pieds plus bas, où l'on recommence la même manœuvre que ci-deffus, obfervant toujours de conduire & d'arrêter l'eau avec la même douceur, par rapport à la pente des carreaux: car fi l'eau couroit trop vîte, elle brouilleroit la terre, emporteroit la graine çà & là & formeroit un limon qui l'empêcheroit de pénétrer à la profondeur néceſſaire. Cette profondeur doit être au moins d'un pied, parce que ſi la terre ne ſe trouvoit imbibée que de deux ou trois travers de doigt, la graine qu'elle renfermeroit ſeroit préciſément dans le cas d'un faux grain de pluie qui ne manqueroit pas d'en faire périr le germe: car on ne lui donne point de nouvelle eau juſqu'à ce qu'elle ſoit levée & ſarclée.

Le premier arroſage doit ſe faire vers le milieu de l'après-midi, afin que l'eau ait le temps de pénétrer la terre avant que le ſoleil donne deſſus; mais quand l'Indigo eſt levé, on ne ſe gêne pas ſur cet article (1).

Dans les quartiers dont nous venons de parler où l'on a de l'eau à ſon commandement, on pratique encore deux choſes fort eſſentielles, l'une à l'égard de la plantation des vieux terreins abandonnés & empoiſonnés de mauvaiſes herbes, & l'autre à l'égard du ménagement des tiges d'un Indigo ravagé par la chenille.

Pour parvenir à nettoyer parfaitement un terrein empoiſonné, on fouille, on ſarcle, & on dreſſe la terre pour la diſpoſer à un arroſage complet qu'on lui donne incontinent après ce travail. On voit bientôt après cette terre toute couverte d'herbes. Mais on les laiſſe croître aſſez pour pouvoir les arracher aiſément avec la main; ce qui eſt facile quand la terre a été ainſi préparée. On renouvelle une ſeconde fois tous ces ouvrages, depuis le premier juſqu'au dernier pour achever de nettoyer le terrein.

Enfin, on réitere ces travaux pour la troiſieme fois, avec la différence qu'on plante l'Indigo à celle-ci avant l'arroſage. On le ſarcle quelque temps après, c'eſt-à-dire, lorſqu'il a environ un pouce & demi de hauteur; car s'il étoit trop petit, on courroit le riſque de le confondre & de l'arracher avec les herbes qu'on veut extirper.

Après les ſarclaiſons convenables, un des principaux objets de l'attention des Indigotiers eſt la chenille. Ils tâchent d'en prévenir le ravage en coupant autant qu'ils peuvent, l'Indigo avant qu'elle y ait fait trop de dégât. Mais lorſque malgré toute leur vigilance & leur activité, la chenille a fait trop de progrès, ils lui abandonnent le reſte de la plante, qui n'a bientôt plus que la forme d'un balai; après quoi ces inſectes meurent faute de nourriture & d'abri.

Quand les choſes ſont en cet état, on ne coupe point les tiges, comme on le fait ailleurs en pareil cas, pour avoir un rejetton propre à la cuve au bout de ſix ſemaines; mais on les conſerve en faiſant venir l'eau ſur le terrein, & on lui donne un ou deux arroſages, ſuppoſé qu'il ne vienne point de pluie. La plante reprend vigueur, & repouſſe un nouveau feuillage qui la rend bonne à couper au bout de quinze jours; ce qui fait une grande différence. Mais après la coupe de l'herbe, on doit bien ſe garder d'arroſer les ſouches avant qu'elles aient boutonné; car ſi on le faiſoit plutôt elles périroient infailliblement. On

(1) Voyez à l'explication de la Planche 10, une petite Addition relative à cet article.

ne

ne court cependant aucun risque de les arroser au bout de dix jours. Lorsqu'on dessouche un terrein dont les grandes rigoles se trouvent trop minées par le cours des eaux, on comble celles-ci, & on en refouille de nouvelles à côté, avant de replanter la piéce. La profondeur & la largeur des grandes & des petites rigoles se réglent sur la quantité de l'eau qu'on a.

Comme il est très-avantageux d'amener un filet d'eau vers les Indigoteries, afin de couvrir l'herbe dont on remplit la trempoire, on a attention de les placer en un lieu propre à recevoir cette eau par-dessus les cuves, & d'en soutenir le cours & le niveau par un petit aquéduc *r*, qui va se rendre jusqu'à la trempoire ; s'il y a plusieurs de ces vaisseaux côte à côte, on fait une dalle *f* en massone tout du long d'un côté sur le rebord même des Indigoteries. Cette dalle doit avoir vis-à-vis le milieu de chaque vaisseau, une ouverture *g* ou dalleau qui s'ouvre & se bouche suivant que l'on veut donner l'eau à l'une ou à l'autre de ces cuves.

CHAPITRE QUATRIEME.

Préparatifs & Description générale de la Manipulation de l'Indigo.

LES eaux influent beaucoup sur la fabrique de l'Indigo ; celles des rivieres & des ravines claires sont les plus propres à pénétrer & à dissoudre le plante, lorsqu'elles ne sont point trop froides, ni crues ; c'est pourquoi on doit préférer celles-ci à celles de puits qui sont souvent déja chargées de sels, & ces dernieres aux eaux troubles de rivieres, parce que leur limon en suspend l'activité, & que leur dépôt altere considérablement la qualité de l'Indigo, comme les habitants des bords du Missisipi l'ont éprouvé avant qu'ils eussent pris le parti de faire rassoir les eaux limoneuses de cette riviere, pour l'employer à la fabrique de leur Indigo. Il est nécessaire à cette occasion de remarquer que des eaux gardées trop longtemps dans des réservoirs, pour avoir l'avantage de remplir une cuve tout d'un coup, & dont quelques-uns se servent pour réchauffer celles qu'on doit bientôt employer, peuvent en se corrompant par la chaleur du soleil, & par les insectes qui s'y mettent, retarder ou gâter la dissolution qu'on en attend ; quoique cette méthode soit en elle-même très-utile & très-avantageuse.

On se croit encore obligé d'avertir ici que l'Indigo fabriqué avec des eaux salines est d'une dangereuse acquisition ; car, quoiqu'il ait un très-beau coup d'œil quand il a été longtemps exposé au grand air, les principes salins dont il est composé conservent ou attirent une humidité qui se développe toujours dès qu'il est renfermé quelque temps ; ce qui le rend beaucoup plus pesant qu'un autre, lorsqu'on l'achete, & d'une mauvaise défaite quand on vient à le débarquer des vaisseaux.

Quand l'herbe eſt coupée, on l'embarque dans la Trempoire ou Pourriture *A*, *fig.* 4, *Pl.* 4, & on l'y répand de façon à ne faire aucune maſſe, ni aucun vuide. On couche enſuite par-deſſus, & ſelon la longueur de la cuve, des paliſſades *I* de Palmiſte, ſur leſquelles on poſe en croix de fortes barres *H*; on arrête ces barres par des coins ou de petits étançons paſſés entr'elles & les barres *G* des clefs *D*, *fig.* 1. *Pl.* 4. Si les barres de clefs *D* ſont trop libres dans leurs mortaiſes, on les gêne par quelques coins; mais on a attention de ne point trop comprimer l'herbe, afin de ne pas s'oppoſer aux bons effets de la dilatation & du développement que la fermentation doit occaſionner.

Lorſque ces préparatifs ſont achevés, on remplit la cuve, juſqu'à ſix pouces du bord, avec l'eau de quelques puits *p*, *fig.* 2, *Pl.* 4, ou ravine voiſine, au moyen d'une gouttiere *g*, ou d'un canal qui communique de l'un à l'autre; peu après qu'on a verſé l'eau qui ſurmonte l'Indigo de trois à quatre pouces, il s'éleve du fond de la cuve, avec un certain bouillonnement, de groſſes bulles d'air, & une liqueur qui, en retombant, forme des bouclettes & répand à la ſuperficie une petite teinture verte, qui par dégrés change l'eau en un verd extrémement vif: lorſque le verd eſt à ſon plus haut dégré, la ſurface de la cuve ſe couvre d'un cuivrage ſuperbe, lequel à ſon tour eſt effacé par une crême d'un violet très-foncé, quoique la maſſe entiere de l'eau reſte toujours verte; la cuve ayant alors le dégré de chaleur qui lui eſt propre, jette par-tout de gros floccons d'écume en forme de pyramides. Cette écume eſt tellement ſpiritueuſe, que ſi on y met le feu, il ſe communique rapidement à toute celle qui ſe ſuit, & l'Indigo fait quelquefois des efforts ſi violents, qu'il rompt ou ſouleve les barres, & arrache les clefs lorſqu'elles ne ſont pas bien enfoncées ou affermies dans la terre. Quand la cuve produit de pareils effets, on dit alors qu'elle foudroye.

Cette fermentation qui dure plus ou moins ſuivant la qualité ou le corps de l'herbe, & ſuivant la ſaiſon froide ou chaude, ſéche ou pluvieuſe, en développe tous les ſucs & les parties propres à former l'indigo. Lorſqu'on veut juger de la diſpoſition de tous ces principes à une union prochaine, on ſonde la cuve, dont la matiere eſt pour lors ſi épaiſſe qu'elle eſt en état de ſupporter un œuf. Cette expérience ſe fait au moyen d'une taſſe d'argent, *fig.* 6, *Pl.* 4, ronde, garnie d'une anſe, ſemblable à celles des Marchands de Vin, qu'on remplit de cette eau au tiers ou environ: le dedans de cette taſſe doit être bien clair; car c'eſt ſur ce fond qu'on doit juger de l'état de la cuve: s'il eſt craſſeux, il fait paroître l'eau embrouillée & différente de ce qu'elle eſt effectivement, de ſorte qu'on s'imagine que l'Indigo eſt trop diſſous, tandis qu'il ne l'eſt pas aſſez; & bien qu'on puiſſe s'en appercevoir enſuite au battage, il en réſulte toujours une perte, quand même on reconnoîtroit cette erreur qui provient cependant d'un rien; c'eſt pourquoi l'Auteur de la Maiſon ruſtique de Cayenne conſeille d'employer une taſſe de cryſtal, comme plus propre à cet examen.

On obtient l'éclairciſſement déſiré, par le mouvement de la taſſe, dont l'agitation produit à peu près ce que le battage opéreroit en pareil cas, dans la ſeconde cuve, c'eſt-à-dire, que ſi la matiere avoit aſſez fermenté dans la premiere cuve, pour que ſes parties ayant les diſpoſitions les plus prochaines à l'union, s'y déterminaſſent par le battage, il ſe forme également dans la taſſe de petites maſſes, ou grains, plus ou moins diſtincts, ſuivant la qualité de l'herbe, & le dégré de ſon développement dans la fermentation préſente. Quand ce grain qui n'eſt pas plus gros que le moindre grain de moutarde eſt bien formé, il cale ou ſe précipite par ſon propre poids, au fond de la taſſe, & ne laiſſe d'ordinaire à l'eau qui le ſurnage, qu'une couleur claire & dorée, à peu près ſemblable à de vieille eau-de-vie de Coignac; c'eſt ce qu'on remarque, lorſqu'après avoir agité la taſſe, on la panche tant ſoit peu, pour laiſſer un côté du fond à découvert: on voit non-ſeulement les effets ci-deſſus, mais encore un grain ſubtil rouler ou s'éloigner du bord le plus élevé, qu'il doit laiſſer net, & l'eau formant vers ce bord un filet bien clair & bien détaché du grain. On continue de temps en temps cette manœuvre, juſqu'à ce que ces indices ſe montrent auſſi clairement que le permettent les circonſtances, dont on renvoye le détail en ſon lieu. Mais l'importance de ces indices nous oblige d'avertir qu'il ne ſuffit pas de ſonder la cuve par en haut, lorſqu'on veut en avoir une connoiſſance exacte; car l'Indigo des mornes ne préſente bien ſouvent qu'un faux grain à la ſuperficie; d'ailleurs l'herbe qui eſt en bas entre bien plutôt en fermentation que celle du deſſus qui reſte près de deux heures avant d'être couverte: & dans les temps pluvieux où l'Indigo n'a beſoin que de dix ou douze heures de fermentation, le haut de la cuve change ſi peu, qu'envain y chercheroit-on un grain qu'elle n'a pas la force d'y développer ou d'y ſoutenir. Il eſt donc du devoir d'un Indigotier de ſonder également ſa cuve par en bas, au moyen du cornichon, *fig.* 7, *Pl.* 4, qui va prendre de l'eau au fond, ou encore mieux, en lâchant le robinet, afin d'en confronter la différence, & continuer alternativement, juſqu'à ce qu'il lui trouve les qualités requiſes. Lorſque la taſſe offre à peu près le grain, & l'eau qu'on peut attendre de la qualité de l'Indigo, il eſt de la prudence de ne pas expoſer les principes de ce grain à une plus longue fermentation, qui les feroit tomber dans une diſſolution, dont le battage ne pourroit les relever, ce qui entraîneroit la perte de cette cuve; c'eſt pourquoi il convient de ſaiſir ce moment, pour couler la cuve & en retirer toute l'eau qui tombe, chargée d'un verd foncé, dans la batterie. Quoiqu'il importe peu en apparence aux Indigotiers de ſavoir que la couleur verte eſt le réſultat de la combinaiſon du jaune & du bleu, il n'eſt cependant pas moins vrai que tout leur travail a un rapport direct & eſſentiel à la connoiſſance de cette loi, & qu'elle n'a rien de frivole pour eux; puiſque tout leur art ne conſiſte qu'à développer les principes de ces couleurs, afin d'avoir la facilité de les déſunir, & d'éconduire enſuite la partie jaune en réservant la bleue, dont l'exacte division fait toute la perfection du métier. Il seroit à souhaiter que cette remarque engageât quelqu'un de nos Colons, ou quelque amateur des Arts établi en Languedoc, à faire diverses épreuves sur la Maurelle, appellée *Heliotropium Tricoccum* (1), dont on fait le Tournesol, & à tâcher de la traiter comme l'Indigo, avec qui elle a beaucoup de rapport par son produit. En effet, lorsque la Maurelle est en fleur, on la broye pour en exprimer le jus qui est extrémement verd. On trempe dans ce jus des morceaux de toile ou drapeaux, on les étend au soleil pour les sécher; on réitere deux ou trois fois cette manœuvre; après quoi on expose ces chiffons ou drapeaux à la vapeur des alkalis volatils de l'urine putrifiée ou d'un fumier chaud, qui de verds les rend tout bleus. Ces drapeaux fortement chargés de cette couleur se vendent aux Hollandois, qui ont le secret d'en faire l'extraction, & d'en composer de petites masses qu'ils nous revendent sous le nom de *Bleu de Hollande*. Cette préparation pourroit faire présumer que la fermentation développe beaucoup d'esprits alkalins dans l'Indigo. L'odeur nauséabonde approchante du foie de soufre que sa fécule exhale pendant le cours de sa préparation, & qui se ranime encore lorsqu'on fait ressuer l'Indigo après qu'il est sec; la poussiere ou fleur blanche dont il se couvre de plus en plus en séchant, semblent indiquer encore plus l'abondance des alkalis que renferme cette matiere.

On peut aussi présumer que les alkalis servent de base à la partie jaune de l'extrait, & qu'ils concourent avec les acides aux différents développements de la fermentation; mais nous nous arrêtons ici, crainte de pousser trop loin des conjectures hasardées. Au reste, ce que nous venons de dire au sujet des essais que nous proposons à l'égard du Tournesol, nous le disons de même à l'égard de la plante du Pastel, dont on se sert souvent en France pour teindre en bleu

Cette plante se cultive en Languedoc, & principalement aux environs d'Alby; elle se travaille ainsi. On cueille ses feuilles, on les met en tas sous un hangard pour qu'elles se flétrissent sans être exposées à la pluie ni au soleil; on porte ces feuilles au moulin, où on les réduit en pâte que l'on pêtrit avec les pieds & avec les mains; on en fait des piles dont on unit bien la surface, la battant afin qu'elle ne s'évente pas. La superficie de ces tas se séche, il s'y forme une croûte, & au bout de quinze jours on ouvre ces petits monceaux, on les broye de nouveau avec les mains, & l'on mêle dedans la croûte qui s'étoit formée à la superficie; on met ensuite cette pâte ainsi broyée en petites pelottes; c'est là le Pastel de Languedoc. L'intérêt qu'on peut prendre au travail de ces deux plantes nous en fait placer une esquisse à la Planche II, fig. 4, *Tournesol*, & fig. 5, *Pastel*. (2).

(1) Cette plante est aussi nommée Tournesol *Gallorum* dans les Mémoires de l'Académie, année 1712, page 17.

(2) M. de Jussieu, de l'Académie des Sciences, vient de me dire, qu'un Membre de la même Académie, avoit tenté inutilement de tirer une fécule du Pastel, & qu'un autre sçavant n'avoit pas mieux réussi à l'égard de la Maurelle.

Pour revenir à notre fujet, l'apprêt que reçoit l'extrait dans le vaiffeau de la Batterie, confifte dans la violente agitation & le bouleverfement qu'occafionne la chûte des Buquets : par ce mouvement, toutes les parties propres à la compofition de la fécule fe rencontrent, s'accrochent & fe concentrent en forme de petites maffes, plus ou moins groffes, fuivant les différents états de l'herbe, de la fermentation & du battage. Ces petites maffes font ce qu'on appelle le *Grain*.

Par ce bouleverfement, l'eau qui paroiffoit d'abord verte, devient infenfiblement d'un bleu extrêmement foncé. Pendant le cours de ce travail, on jette à différentes reprifes un peu d'huile de poiffon, ou une poignée de graine de *Palma Chrifti* écrafée, qui eft fort huileufe, dans la Batterie, pour diffiper l'écume épaiffe qui s'éleve fous le coup des Buquets, dont elle empêche l'effet. La groffeur, la couleur & le départ plus ou moins prompt de cette écume fervent, avec les indices tirés de la taffe, à faire juger de la qualité de l'herbe, de l'excès ou du défaut de fermentation, & à régler le battage.

Lorfque le grain tarde à fe préfenter fous une forme convenable, on l'excite par la continuation de ce travail, qu'on gouverne toujours à l'aide des indices ci-deffus, jufqu'à ce qu'on en foit fatisfait. Quand il eft fur fon gros, on examine la diminution que le battage doit néceffairement lui occafionner, c'eft ce qu'on appelle le *Rafinage*; par ce moyen il s'arrondit & fe concentre de maniere à caler & à rouler parfaitement au fond de la taffe. Lorfqu'il eft à ce point, on ceffe le battage; l'eau qui tient en diffolution la partie jaune & les autres principes fuperflus, fe fépare quelque temps après de la fécule & s'éclaircit peu-à-peu en la fubmergeant tout-à-fait. Deux ou trois heures fuffifent au repos de la cuve, quand rien ne lui manque; mais fi on n'eft pas preffé, il vaut mieux la laiffer tranquille pendant quatre heures, afin que le grain le plus léger ait le temps de fe dépofer, & qu'il fe trouve moins d'eau mêlée avec le fédiment; après quoi on ouvre le premier robinet *F*, *fig.* 5, *Pl.* 4, feulement pour que l'écoulement n'occafionne aucun trouble dans la cuve; lorfque toute l'eau qui étoit à cette portée s'eft écoulée, on lâche le fecond, qui met la fécule étendue fur le fond de la cuve à découvert.

M. de Reine, ancien Habitant de l'Ifle de France, que j'ai déja cité, m'a dit qu'il laiffoit repofer la Batterie pendant 24 heures, & que fon Indigo étoit comparable au plus beau des grandes Indes.

Les eaux fortant de ces deux robinets tombent naturellement dans le Baffinot ou Diablotin *K*, *fig.* 5, *Pl.* 4, lequel étant bien-tôt rempli, dégorge fur le plan *V*, du Repofoir, d'où elles s'écoulent par fon ouverture *Q*, qui, fuivant les loix du pays, doit déboucher dans quelque foffe ou marre perdue, parce que cette eau eft capable d'empoifonner les animaux qui boiroient d'une ravine ou d'un ruiffeau avec lefquels on auroit eu l'imprudence de la mêler. J'ai même obfervé en Europe, que la pouffiere de l'Indigo étoit pernicieuſe à la poitrine, occaſionnant des crachements de ſang aux gens qu'on employoit long-temps au triage de cette denrée. Quand l'eau de ces deux premiers robinets, qui eſt d'une couleur ambrée & claire lorſque l'Indigo eſt bien fabriqué, eſt écoulée, on lâche un peu le troiſieme, afin de laiſſer paſſer d'abord celle qui eſt mêlée avec la fécule; on le repouſſe dès qu'elle ſe préſente : on continue ce petit manége juſqu'à ce qu'il n'en vienne preſque plus; après quoi on vuide toute l'eau du baſſinot pour y recevoir la fécule. Quelques autres ſe ſervent alors d'une cheville quarrée à la place de celle qui ferme la troiſieme bonde; la fécule s'arrête juſqu'à ce que l'eau ſe ſoit échappée par les iſſues que forme le quarré : on la retire enfin pour que toute la fécule, qui reſſemble en cet état à une vaſe fluide d'un bleu preſque noir, tombe dans le Baſſinot qu'on a eu ſoin de vuider auparavant, & on fait deſcendre un Negre dans la Batterie, pour achever d'amener avec un balai le reſte de la fécule vers la bonde; on place au devant de cette troiſieme bonde un panier pour intercepter tout ce qui lui eſt étranger; s'il en paſſe encore dans le Diablotin, on enleve ce qui ſurnage avec une plume de mer, on retire enſuite la fécule au moyen d'un Coui, ou moitié de calebaſſe, d'où on la tranſvaſe dans des ſacs de toile *Z*, *fig.* 1 & 2, *Pl.* 5, garnis de cordons par leſquels on les ſuſpend des deux côtés aux crochets du ratelier *U*, *fig.* 1, *Pl.* 4 : on laiſſe l'Indigo s'y purger juſqu'au lendemain. Lorſque les ſacs qui doivent être lavés & ſéchés à chaque fois qu'on en fait uſage, ne rendent plus d'eau, on en partage le nombre en deux, & on ſuſpend chaque moitié en réuniſſant les cordons de chaque lot; ce commun aſſemblage les preſſe & acheve d'en exprimer le reſte de l'eau; puis on renverſe & on étend la fécule, qui eſt encore très-molle, dans des caiſſes *A*, *fig.* 3, 4 & 5, *Pl.* 5, fort plattes, qu'on expoſe pendant le jour au ſoleil ſur des établis *B*, *fig.* 8, *Pl.* 4, dont une partie eſt à l'abri de la ſécherie *S*, & l'autre en plein air. C'eſt là que l'Indigo ſe deſſéche inſenſiblement. Sitôt que le ſoleil l'a pénétré, il ſe fend comme de la vaſe qui auroit quelque conſiſtance. On doit préférer le ſoir au matin pour le commencement de cette opération, parce qu'une chaleur trop continuelle ſurprend cette matiere, en fait lever la ſuperficie en écailles, & la rend raboteuſe, ce qui n'arrive point, lorſqu'après cinq ou ſix heures de chaleur, elle a un intervalle de fraîcheur qui donne le temps à toute la maſſe de prendre une égale conſiſtance. On paſſe alors la truelle, *fig.* 14, *Pl.* 5, par-deſſus, pour en comprimer & rejoindre toutes les parties ſans les bouleverſer, cette manœuvre préjudiciant à la qualité de l'Indigo, comme nous l'expliquerons ci-après; enfin, lorſqu'il a acquis une conſiſtance convenable, on en polit encore la ſuperficie, & on le diviſe par petits carreaux *A*, *fig.* 5, *Pl.* 5, d'un pouce & demi en tous ſens : on continue de l'expoſer au ſoleil, non-ſeulement juſqu'à ce que les carreaux ſe détachent ſans peine de la caiſſe, mais encore juſqu'à ce qu'il paroiſſe entiérement ſec. Il n'eſt cependant, ſuivant les Loix, ni livrable, ni marchand qu'il n'ait ressué; car si on l'enfutailloit exactement dans cet état, on ne trouveroit au bout de quelque temps, que des fragments de pâte détériorée & de mauvais débit; c'est pourquoi on le met en tas dans quelque barique recouverte de son fond désassemblé, ou de torques de feuilles de Bannanier desséchées, & on l'y laisse environ trois semaines; pendant ce temps il éprouve une véritable fermentation, il s'échauffe au point de ne pouvoir y souffrir la main, il rend de grosses gouttes d'eau, il jette une vapeur désagréable, & se couvre d'une fleur qui ressemble à une espece de fine farine: enfin, on le découvre, & sans être exposé davantage à l'air, il se resséche en moins de cinq ou six jours. Tous ces effets proviennent vraisemblablement de l'état de sécheresse & de contraction qu'a éprouvé cette matiere, laquelle étant une fois à l'abri, tend naturellement à se dilater, & donne occasion à l'air extérieur qui s'y insinue, d'y introduire en même-temps l'humidité dont il est chargé. Cette action de l'air intérieur, qui tend à se débander, & de l'air frais extérieur qui s'y insinue avec son humidité, se communiquant à toutes les parties de chaque masse, doit nécessairement occasionner entr'elles un dérangement & un mouvement suivis d'une chaleur assez grande pour produire tous les phénomenes de la fermentation dont nous venons de donner la description.

On peut même présumer que l'Indigo éprouve plus d'une fois cette espece de crise, sur tout quand il passe la mer, à moins qu'il ne soit embarqué extrêmement sec & bien clos.

Ce qu'il y a de constant, & ce que peu de personnes observent, c'est que l'Indigo pese beaucoup moins avant d'avoir ressué, que si-tôt après avoir reçu cette derniere façon.

Lorsqu'il a passé par cet état, il est entiérement conditionné, & il est important de ne pas en différer la vente, si l'on ne veut pas supporter la diminution à laquelle il est sujet, les six premiers mois après cette crise, qu'on peut bien évaluer à un dixieme de déchet, & souvent beaucoup au-delà.

Quelques habitants le font sécher à l'ombre dès que les carreaux quittent la caisse; il est vrai que c'est un ouvrage de longue haleine, & qui demande plus de six semaines avant qu'il soit en état de ressuer: mais cette façon de le faire sécher lui est très-favorable; il semble en acquérir une nouvelle liaison, & son lustre se perfectionne par la dissipation lente des diverses sueurs, qui le couvrent dans cet intervalle d'une fleur aussi blanche que la poussiere de la chaux. Il est constant que cette méthode n'est pas sujette au même déchet que l'autre, & qu'elle procure une qualité supérieure. C'est pourquoi on ne peut trop inviter les Indigotiers à suivre cette pratique. Ceux dont les établis sont couverts d'une quantité considérable de caisses, ne pourroient cependant guère l'adopter, à moins qu'ils ne voulussent faire un plancher & des étageres sous le faitage & tout autour de leur sécherie pour l'étendre dessus; cela fait, on le met à ressuer, comme nous l'avons dit ci-dessus.

Il convient de retoucher un mot sur le pétrissage de l'Indigo. Lorsqu'il commence à sécher dans les caisses, on s'imagine que cette espece d'apprêt lui donne de la liaison : mais c'est une erreur; car cette liaison ne dépend uniquement que du dégré de la fermentation & du battage qu'il a éprouvé, & notamment de ce dernier, ce qui est facile à vérifier par l'Indigo d'une cuve qui péche dans l'un & l'autre cas; il s'écrase au moindre choc, parce que la façon qui étoit nécessaire à sa liaison lui manque, & il est absurde de croire qu'on lui restitue ou qu'on perfectionne cette qualité en en pétrissant des parties défectueuses; au contraire il en résulte souvent une perte; car si on mêle la superficie de la caisse avec le dessous, cette superficie, (en supposant qu'on ait laissé faire des croutes) altérée par le soleil, se trouvant confondue avec le reste de la pâte, forme des veines ternes & ardoisées qui en diminuent beaucoup le prix. Ceux qui regardent de près à leur intérêt séparent leur Indigo dans la caisse le lendemain ou le sur-lendemain, ce qui fait une différence de six jours sur le terme qu'il faut aux autres pour le sécher; ils y trouvent encore leur compte, en ce que, plus l'Indigo tarde à sécher, plus la force de son odeur augmente & attire les mouches qui y déposent leurs œufs : ces œufs se changent sous moins de deux fois vingt-quatre heures en vers qui s'insinuent dans les crevasses de l'Indigo, dont ils mangent une partie, & alterent l'autre, en y répandant une humeur visqueuse qui l'empêche de sécher, d'où il résulte une perte réelle, tant à l'égard du poids que de la qualité, & un grand retard, sur-tout dans la saison pluvieuse, où il convient que les uns & les autres entretiennent un feu continuel dans la sécherie, afin que la fumée en écarte tous les insectes.

On éviteroit presque tous ces inconvénients si, comme dans certains endroits des grandes Indes, où l'on est dans l'usage de le pêtrir & de le sécher entiérement à l'ombre, on mettoit l'Indigo dans des caisses d'un demi pouce de haut; & si, après l'avoir séparé par carreaux, on les mettoit dans d'autres caisses séchées au soleil : cette méthode, à la vérité, exigeroit un plus grand nombre de caisses; mais comme l'Indigo sécheroit beaucoup plus vîte, les caisses seroient plutôt délibérées; ainsi cette augmentation ne seroit pas aussi considérable qu'on peut d'abord se l'imaginer; & comme, selon toute apparence, l'Inde de l'Asie doit une grande partie de sa belle qualité à l'observation exacte de ces différentes pratiques, on doit en espérer à-peu-près un semblable succès à l'égard de l'Indigo, en donnant même aux caisses un pouce de hauteur. Il est vrai que les Marchands, accoutumés à acheter l'Indigo de nos Colonies en gros carreaux, séront d'abord surpris de la différence du volume de ceux-ci; mais si la denrée est réellement plus belle, ils ne s'arrêteront pas long-temps à la forme.

Quand on retire l'herbe de la pourriture, la tige & les branches n'en paroissent pas autrement altérées; mais le feuillage qui y tient à peine, est si flasque

flasque & si livide, qu'il est aisé de discerner que le suc des feuilles contribue seul à la formation de la fécule; il est cependant permis de penser que le corps & l'écorce de la plante fournissent quelques sucs propres à la fermentation & à la coloration du jaune. Mais on ne doit pas croire qu'ils soient seuls capables de composer le grain, puisque lorsque la Chenille a rongé toute la verdure, le reste de la plante ne rend plus rien; ou s'il rend quelque peu de fécule, on doit plutôt le regarder comme le produit de la partie verte de l'extrêmité des branches, qui participent de la qualité des feuilles, que comme celui de l'écorce.

Les habitations où l'on manque d'eau dans les sécheresses extrêmes, tâchent de conserver celle qui doit se perdre dans la vuide, & on en remet le plus qu'on peut sur la nouvelle herbe, afin d'éviter une partie du transport qu'il faut faire pour remplir la cuve. Ces sortes de cas sont bien rares; mais on prétend que cet usage ne préjudicie point à la fabrique de l'Indigo. On doit cependant présumer que l'eau de cette nouvelle cuve sera beaucoup plus foncée que toute autre, & moins propre à une nouvelle dissolution.

Le corps de la maçonnerie d'une Indigoterie simple & telle que nous l'avons décrite dans le premier Chapitre peut revenir à 3000 liv. y compris le travail des Negres de l'habitation, qu'on peut bien évaluer à près de la moitié ou environ. On ne peut fixer le prix du moulin, de la sécherie & des autres ouvrages qui y sont relatifs. Il suffit de savoir que chaque Negre de place peut couter environ 1800 à 2000 liv. le tout argent de l'Amérique, qui se réduit à deux tiers de sa valeur numéraire en France.

Chaque cuve chargée de quarante paquets ou charges d'un Noir, lorsqu'on est dans la belle saison, peut rendre trente livres d'Indigo, qui se vend à présent en France, suivant sa qualité, depuis six jusqu'à onze livres de notre monnoie. Je parle de l'herbe des habitations situées dans les plaines; car celles des Mornes donne beaucoup moins, l'air y étant plus tempéré, & par conséquent moins propre à lui donner du corps.

Ce revenu ne laisseroit pas d'être considérable si chaque coupe étoit égale; mais il y a une grande différence entre leurs produits. La premiere rend peu, & l'herbe ne fournit pas. La seconde coupe est la meilleure; la troisieme diminue d'un tiers, la quatrieme des trois quarts, & la cinquieme se réduit presque à rien. Ceci souffre cependant de grandes exceptions, tant par rapport à l'excellence des terreins qu'à l'influence des temps.

On doit encore remarquer que l'Indigo bâtard rend souvent près d'un tiers moins, pour les raisons que nous avons expliquées ci-devant. Ainsi il faut beaucoup rabattre de la premiere estime dont nous venons de parler, sans entrer en compte des accidents de la plantation dont on est déja instruit.

Pour achever le détail de cette Manufacture, on doit ajouter que deux Indigoteries & trente Negres travaillant, suffisent à l'exploitation d'un terrein de 15 carreaux de 100 pas quarrés de Saint-Domingue, où la mesure du pas est de trois pieds & demi de France; on suppose ici que le terrein où l'on peut cultiver ces 15 carreaux en Indigo est déja bien net & pris dans la plaine où l'exploitation est beaucoup plus facile que dans les mornes.

Il faut au reste savoir que dans nos Colonies les bâtiments, les savanes où l'on entretient le bétail, les places à vivre pour le Maître & les Esclaves occupent près d'un quart du terrein d'une habitation, & qu'il en reste souvent autant en friche, ou en bois de bout, pour servir de ressource quand la terre où l'on plante l'Indigo vient à s'épuiser.

Dans les habitations où l'on n'a plus de bois de bout pour remplacer les terreins usés, & où l'on est obligé de faire servir les vieux défrichés, on a recours à différents artifices pour les relever de cet épuisement & pour leur redonner une nouvelle vigueur. Un des principaux est de répandre sur les carreaux qu'on retravaille, un peu d'ancien fumier d'Indigo, qu'on appelle à l'Amérique *Fatras-Indigo*, dont on a déchargé les cuves. Cet engrais, sortant même de la Trempoire, est excellent & produit toujours un bon effet; mais si l'on veut rétablir le fond d'une piece de terre, & la rendre propre à se soutenir long-temps sans le secours des fumiers, il faut y planter du gros-petit Mil, ou Mil à panache, *fig.* 2, *Pl.* 6, dont la tige & le feuillage ressemblent beaucoup au Maïs, mais dont la graine ronde est quatre ou cinq fois plus grosse que celle du Millet de France. On coupe ce Mil au bout de six mois, & on laisse la tige avec tout son feuillage à pourrir sur la terre. La souche repousse alors de nouvelles tiges, dont on recueille le grain dans le temps de sa maturité. On coupe ensuite le pied de la plante, & on l'abandonne sur le terrein pour s'y dessécher; & lorsque la grande saison des plantations s'approche, on y met le feu. On dessouche ensuite le reste de la plante, qu'on brûle après avoir fouillé toute la piece avec la houe; on retravaille encore ce terrein autant de fois qu'il est nécessaire, jusqu'à ce qu'il soit en état de recevoir de nouvelle graine d'Indigo, ce qui fait à peu-près un intervalle de 15 mois. Lorsqu'un terrein a été ainsi relevé, il produit une très-belle herbe, & il est en état de résister à la culture de l'Indigo presqu'aussi long-temps qu'un bois neuf; car, c'est ainsi qu'on appelle les terreins dont on a abattu les bois depuis peu. Quelques habitants, pour relever un terrein en friche & couvert de gazon, en font lever toute la superficie par pieces ou par mottes, dont on forme des tas ou des piles de distance en distance; lorsque ces mottes, qui sont un peu écartées les unes des autres, sont séches, on y met le feu, & on en répand la cendre sur la terre de ce défriché, qu'elle fertilise pour long-temps.

La bonne économie demande, qu'après avoir planté la moitié d'un terrein en Indigo, on observe un intervalle d'un mois ou six semaines avant d'ensemencer le reste. Cette précaution est nécessaire pour parer à l'inconvénient des pluies, qui font souvent différer la coupe de l'herbe, & pour que ses différents âges donnent le moyen de la couper alternativement au point convenable de sa maturité ; on profite du relâche que donne cet intervalle, pour vacquer aux premieres ſarclaiſons & aux autres ouvrages indiſpenſables. C'eſt pourquoi on ſe ſert de ce délai pour faire un bois neuf ou l'abbatis des arbres qui couvrent une terre vierge, conſtruire des bâtiments, planter des vivres (1) & des hayes, ou les ſarcler, réparer les entourages & les foſſés, ou pour finir les travaux qu'on ne peut remettre au temps de la coupe qui donne à peine le moment de ſarcler, & d'empêcher les mauvaiſes herbes de ſe multiplier dans l'Indigo.

Les hayes *Z, fig. 6, Pl.* 10, ſe plantent en Citronier ou en Campêche, ſoit de graine, ſoit de bouture, à deux, trois ou quatre rangs ; & lorſqu'on a de l'eau à ſa diſpoſition, on y en fait paſſer un filet ſuivant la néceſſité, ou bien on fait apporter de l'eau exprès dans de grandes calebaſſes pour arroſer ce plan. On a ſoin d'entrelacer les jets de ces arbres à meſure qu'ils croiſſent, afin qu'ils ſoient en état de réſiſter à l'effort des animaux. Quand le corps de la haye eſt à la hauteur de 4 pieds, on la taille par-deſſus & par les côtés avec un bon couteau à Indigo garni d'un manche, ou bien avec une eſpece de coutelas, qu'on appelle *manchette ;* & quand la haye eſt trop forte, avec une ſerpe ajuſtée à un long manche.

Comme les hayes ſont la ſûreté & l'ornement des habitations, on doit les tailler tous les trois mois, & veiller tous les jours à leur entretien, en faiſant la ronde pour examiner ſi les animaux n'y ont point fait quelque bréche.

A l'égard des places à vivres *r, fig.* 1, *Pl. 6*, on les arroſe comme l'Indigo, quand le terrein le permet. On obſervera ici que ſi l'on eſt dans l'uſage de diſtribuer de la terre aux Negres, afin d'y faire des vivres pour eux & pour leurs familles, on doit leur aſſigner des quartiers ni trop ſecs ni trop humides, ou bien leur donner un terrein dans les hauteurs pour leur nourriture pendant la ſaiſon des pluies, & un autre dans les bas-fonds pour les temps de ſéchereſſe.

Quant aux Jardins potagers *s, fig.* 1, *Pl. 6*, on y creuſe un ou pluſieur baſſins où l'on fait venir l'eau dont on ſe ſert pour arroſer avec des arroſoirs, & on éleve par-deſſus les planches qui ont beſoin d'abri, des tonnelles, ſur leſquelles on met comme un lit de branches de bois noir, ou de feuilles de Palmiſte.

Lorſque le temps de la coupe approche, il convient que l'Indigotier faſſe une viſite générale des Indigoteries & de ce qui en dépend, pour s'aſſurer de leur état, s'il n'y a point d'écoulement à craindre, ſoit par les robinets, ſoit par quelque fente ; ſi les poteaux des Clefs & ceux des Buquets ſont ſolides ; on fait auſſi une réviſion de l'échaffaud *e, fig.* 2, *Pl.* 4, du puits & de ſon chaſſis ; un de ſes travers gâté, ſuffiſant pour faire périr un Negre. On viſite auſſi la Bringueballe ou baſcule *b* du ſceau, & ſon fouet ou cordage *f* ; enfin les barres des Clefs de chaque Indigoterie, afin de n'être pas obligé d'arrêter au milieu de la coupe, & donner par là occaſion à de grands dérangements à la

(1) Terme uſité qui comprend toutes les Plantes d'où les Negres tirent leurs aliments.

fabrique de l'Indigo, par le refroidiſſement des cuves & les pluies qui peuvent ſurvenir ; ces inconvénients étant cauſe qu'on eſt après cela trois ou quatre jours ſans retrouver le point de leur juſte fermentation. Un pareil ordre établi, l'Indigotier ne s'occupe plus qu'à couper, embarquer & ſarcler, juſqu'à ce qu'on ait fini la premiere coupe ; après quoi il vacque aux travaux les plus preſſants, dans l'aſſurance qu'il ne tardera guere à faire une ſeconde coupe qui demande bien plus de vigilance, tant à cauſe du ravage de la Chenille & des autres inſectes, dont le nombre ſe multiplie de plus en plus, qu'à cauſe du corps de l'herbe qui exige plus de pourriture, mais qui rend auſſi beaucoup plus que la premiere.

Fin du Livre Second.

LIVRE

LIVRE TROISIEME.

Théorie pratique de la Fabrique de l'Indigo.

AVANT-PROPOS.

COMME le terme de *pourriture*, appliqué à la fabrique de l'Indigo, renferme chez nos Colons l'idée de tous les dégrés de fermentation par lesquels une cuve de cette herbe peut passer, & que la plupart de ceux qui ne sont point instruits de cette convention en Europe, sont accoutumés à distinguer par des noms particuliers, les trois différents genres de la fermentation, dont l'effet du dernier porte le nom de *pourriture*, je me servirai, autant qu'il me sera possible, pour éviter toute équivoque, du terme de *putréfaction*, lorsqu'il s'agira du dernier dégré de la fermentation, qui est connu de tout le monde pour être défavorable à l'Indigo ; & j'emploierai celui de *défaut* ou de *justesse de fermentation*, pour exprimer l'état des deux autres, en dérogeant ici à l'usage des Indigotiers.

On peut voir la raison de cet avertissement, & les éléments de cet art, au Chapitre VI. du premier Livre, *page* 35 *& suivantes.*

La fabrique de l'Indigo se divise naturellement en deux parties; savoir, la fermentation & le battage. La fermentation se manifeste par deux effets principaux. Le premier, porté jusqu'à un certain dégré, développe tous les principes actifs & passifs qui doivent contribuer à la formation du grain, & les dispose à une liaison qui doit se perfectionner dans la Batterie, où ils acquierent une consistance & une forme propre à s'égoutter.

Le second effet de la fermentation, ou son excès détruit le ressort des principes actifs, & occasionne la désunion de tous les autres, dont le battage ne peut plus qu'augmenter la dissolution, & leur mélange avec l'eau, qu'il est ensuite impossible d'en séparer.

Ces deux différents effets se produisent plutôt ou plus tard, selon les différentes circonstances dont nous parlerons ci-après.

On a vu des cuves arriver à une fermentation parfaite en six heures; mais cela est très-rare, & c'est une preuve certaine que l'Indigo rendra fort peu. Le terme ordinaire est de dix, douze, quinze à vingt heures, quelquefois trente, même cinquante, presque jamais au-delà ; encore ne se trouve-t-on gueres dans ces derniers cas, si ce n'est lorsqu'on embarque l'herbe dans une cuve neuve, ou dont on a cessé de faire usage depuis long-temps, & lorsque la circonstance d'un hiver ſec & froid qui rallentit la fermentation, ou celle des grandes chaleurs de l'été, qui rendent l'herbe ſuſceptible d'une longue effervescence, concourent à cet effet.

Le Battage ou l'agitation de la matiere dans la Batterie, produit auſſi deux effets principaux. Le premier bien ménagé, détermine & perfectionne la liaiſon des parties & la formation du grain, que la fermentation bien conduite, n'a fait qu'ébaucher ou préparer.

Par cette opération, toutes les parcelles propres à la formation du grain, noyées & diſperſées dans cet amas d'eau, ſuivant leur peſanteur ſpécifique, ſe rencontrent, ſe joignent & ſe pelotonnent en petites maſſes plus ou moins groſſes & différemment configurées, ſelon l'abondance & la qualité des ſucs & ſuivant la force ou la duré ede l'agitation qu'elles éprouvent.

L'huile de poiſſon qu'on répand avec un brin d'herbe à deux, trois ou quatre repriſes dans la cuve pendant le cours de l'opération, ſert à abattre le volume de l'écume qui s'oppoſe au coup du buquet. On peut auſſi ſuppoſer qu'elle contribue à l'union des principes qui n'attendent peut-être que cette addition pour former de nouveaux corps, ou qu'elle ſert du moins à perfectionner l'unité de chaque maſſe, & qu'elle les préſerve de l'impreſſion de l'eau, ce qui, joint à leur forme particuliere, les diſtingue les unes des autres juſque dans leur dépôt, & en facilite le plus parfait écoulement. Je ne tairai cependant pas que dans certains quartiers on a totalement ſupprimé l'uſage de l'huile, ſans qu'il en ait réſulté aucun inconvénient à l'égard du battage ou de la qualité de l'Indigo.

L'excès du battage produit à-peu-près le même effet que l'excès de fermentation. Il rompt méchaniquement le reſſort & l'union du grain, & il le réduit en ſi petites parties, que lors du repos dans la cuve & dans les ſacs, l'eau ne peut trouver aucune iſſue pour s'en échapper.

Ainſi l'on peut établir comme une regle générale que tout Indigo qui ne s'égoutte pas bien, péche par excès de fermentation ou de battage.

Comme la fermentation & le battage n'ont aucun temps ou terme fixe, on parvient à ſaiſir ſucceſſivement le juſte point de l'une & de l'autre, par l'obſervation de la qualité de l'herbe qui influe généralement ſur la durée & ſur la meſure de ces deux objets, & par l'examen de certains indices connus qui ſe préſentent dans le cours de chacune de ces opérations; mais comme ces deux objets ne peuvent ſouffrir un plus long détail en commun, nous allons les diviſer en deux Chapitres, dont l'un regardera la fermentation & l'autre le battage.

AVERTISSEMENT.

POUR lever toute obſcurité ſur le contenu du Chapitre ſuivant, nous obſerverons que dans les temps chauds la fermentation ſe déclare bien plus promptement que dans les temps froids, d'où il réſulte que l'herbe embarquée dans une ſaiſon chaude, exige moins de temps pour parvenir à ſon premier dégré de pourriture, qu'une herbe embarquée dans une ſaiſon froide, & que celle-ci par conſéquent doit ſéjourner plus long-temps dans la cuve que la premiere, pourvu qu'il n'y ait pas une extrême différence entre le corps de l'une & de l'autre. Car, il eſt conſtant que ſi le froid contribue à la longueur du ſéjour de l'herbe dans la Trempoire, l'affoibliſſement dans le corps de l'herbe occaſionné par le froid, abrége d'un autre côté le temps de ſon bouillon; ainſi en s'accordant ſur cette diſtinction, on peut dire que l'herbe demande plus de pourriture ou de ſéjour dans la cuve ſi l'hiver eſt ſec, qu'en été, ſuppoſant une égale qualité entr'elles, & même dans le cas où l'herbe de l'hiver auroit un peu moins de corps; mais il faut auſſi convenir que cette diminution de qualité dans la plante, néceſſite toujours une diminution ſur le temps de la fermentation réelle, & abrége d'autant ſon ſéjour dans la cuve.

Mais la pluie contribue encore plus que le froid à la diminution de ſa qualité, & elle ne tombe pas également par-tout dans les mêmes ſaiſons. Ainſi dans les quartiers de la dépendance du Cap François, il pleut par intervalle toute l'année, mais beaucoup plus conſtamment dans le temps des Nords, ou des vents qui ſoufflent du côté du Nord de l'Iſle de Saint-Domingue, depuis environ le milieu d'Octobre juſques vers le commencement d'Avril; au contraire, dans ceux du Port-au-Prince de la même Iſle, il ne pleut que pendant le printemps, l'été & une partie de l'automne, enſorte qu'après le huit ou le quinze de Novembre on a du ſec juſqu'au mois de Mars, ce qui fait trois ou quatre mois, pendant leſquels on n'a ſouvent que trois ou quatre grains ou pluies d'orage, tandis qu'il pleut pour ainſi dire ſans ceſſe jour & nuit dans cette même ſaiſon vers la partie du Cap. Il réſulte de ce contraſte une différence conſidérable ſur la qualité de leur herbe dans ces mêmes temps; cette différence de qualité & auſſi de température, fait qu'on ne s'accorde point alors ſur la maniere de traiter les cuves, & que la méthode des uns ſemble oppoſée à celle des autres, quoique au fond tous conviennent des mêmes principes, auxquels je tâcherai de rapporter tout ce que j'ai à dire ſur cette matiere, eſpérant qu'au moyen de cet Avertiſſement, chacun entendra le ſens de mon diſcours, & en fera l'application convenable à ces cas, dont la diverſité eſt ſi commune dans la fabrique de l'Indigo.

CHAPITRE PREMIER.

De la Fermentation de l'Indigo.

L'ART n'indique point, comme nous l'avons dit au Chapitre VI. du premier Livre, *page* 35, de regle précise sur la durée de la fermentation, parce que ce point dépend de la qualité ou du corps de l'herbe, & cette qualité de la nature du terrein où l'herbe a crû, & de l'altération des saisons qu'elle a éprouvée tandis qu'elle étoit sur pied. Nous avons ajouté que le progrès de son développement dépend encore du temps froid ou chaud, pluvieux ou sec, pendant lequel l'herbe est à cuver, & du degré de chaleur ou de fraîcheur de l'eau dans laquelle on la fait macérer; mais comme entre toutes ces circonstances la qualité de l'herbe est celle qui influe le plus généralement sur la durée de la fermentation & sur la force des indices qui servent de regle à l'Indigotier pour couler la cuve, & que les causes dont nous avons parlé peuvent faire varier à l'infini les qualités de l'herbe, nous en choisirons trois principales pour en faire le sujet de trois Articles séparés, dans lesquels on trouvera successivement tout ce qui a rapport à ce travail & aux circonstances capables d'en ralentir ou d'en accélérer l'effet.

Le premier nous indiquera les raisons pourquoi une herbe qui a éprouvé les inconvénients de la saison pluvieuse ou d'un terrein trop humide exige une courte fermentation, les effets qui l'accompagnent jusques dans sa putréfaction, & les moyens d'en éviter les inconvénients. Nous joindrons à cet Article le détail des causes qui peuvent déterminer, non pas une plus longue effervescence, mais un plus long séjour de l'herbe dans la cuve.

Dans le second, nous fournirons les mêmes éclaircissements sur la nécessité d'une plus longue fermentation à l'égard d'une herbe venue dans les circonstances les plus favorables de l'été, & dans une bonne terre.

Nous exposerons dans le troisiéme les motifs qui déterminent une fermentation moyenne, lorsqu'il s'agit d'une herbe qui a long-temps souffert du sec, ou dont on a laissé passer le temps de la coupe; nous y joindrons les instructions de convenance comme aux précédents Articles.

ARTICLE PREMIER.

TOUT bon Praticien, avant d'ordonner la coupe de son Indigo, doit jetter un coup d'œil attentif sur son herbe, sur le terrein où elle a crû, & bien réfléchir sur les accidents qu'elle a éprouvés jusqu'alors, afin de juger du point où il doit en pousser la fermentation, & ensuite le battage.

La

La méthode de ces préſomptions eſt d'un grand ſecours quand on a aſſez d'expérience pour rectifier & corriger à propos les petites mépriſes qui peuvent s'y gliſſer. Cette réviſion traitée ſuivant l'ordre des circonſtances & des travaux, nous conduit naturellement à l'examen de la premiere coupe & de-là à la premiere cuve. C'eſt toujours la plus embarraſſante, parce que l'éloignement du ſoleil, les pluies fréquentes de la premiere ſaiſon, & la trop grande fraîcheur de la terre ayant attendri la plante, & l'ayant remplie de ſucs mal digérés, le développement en eſt ſi prompt, & l'effervefcence ſi foible, qu'il eſt difficile de connoître & de ſaiſir le véritable point où il faut en arrêter la fermentation.

Les ſignes qui accompagnent cette fermentation & ſon produit, répondent à la foibleſſe de leurs principes; elle rend peu d'écume, & quelquefois il n'en paroît preſque point du tout. La chaleur & le développement des parties ſont preſque tous concentrés au fond de la cuve. Le grain en eſt petit; il change & ſe diſſout d'une maniere imperceptible preſqu'auſſitôt qu'il eſt formé, & il donne une apparence de trouble à l'eau dans laquelle il eſt trop diviſé.

Les doutes qu'occaſionnent la foibleſſe & l'obſcurité de ces indices, lors même qu'on en a ſaiſi le juſte point, les légeres apparences de conformité qu'ils ont avec ceux d'une cuve de bonne herbe qui n'eſt pas aſſez fermentée ou qui l'eſt trop, & les inconvénients qui réſultent de la confuſion qu'on en peut faire, nous obligent d'entrer dans le détail de tous les éclairciſſements propres à les faire éviter.

On connoîtra que la cuve dont il eſt queſtion, eſt à ſon juſte point de fermentation & dans le meilleur état poſſible, ſi le grain, tout mal formé qu'il eſt, ſe ſépare aiſément après avoir battu la taſſe, & ſi l'eau devient d'un verd paillé brillant.

On diſtinguera celle-ci d'une cuve de bonne herbe qui n'a pas aſſez fermenté, dont la couleur de l'eau eſt quelquefois rouſſe approchant de la bierre, & preſque toujours d'un verd vif & qui ne laiſſe à la ſuperficie de la taſſe aucune craſſe. L'indice de l'eau rouſſe ne doit cependant point être regardé comme une marque infaillible de défaut de fermentation; car il ſe rencontre des coupes entieres dont les eaux ſont toujours rouſſes, quoiqu'elles ayent le degré de fermentation convenable. C'eſt pourquoi j'ajoute ici trois autres remarques sûres, dont l'Indigotier peut faire uſage toutes les fois qu'il aura quelque doute ſur l'état de ſa cuve. La premiere eſt tirée de l'eau qui rejaillit de la taſſe ou de la cuve ſur la main, laquelle, dans le cas de putréfaction, ne fait aucune impreſſion, ou du moins elle eſt ſi foible, qu'elle s'efface d'elle-même à meſure qu'elle ſéche; mais lorſqu'elle manque de quelques heures de fermentation convenable, elle eſt ſi âpre que le ſavon ne ſauroit en effacer la tache ſans réitérer pluſieurs fois ſon uſage.

La ſeconde conſiſte dans l'odeur de la cuve, qui eſt déſagréable, quand elle eſt excédée.

La troisieme dépend de l'inspection de l'eau qui anticipe sur les bords de la cuve, tandis que la fermentation augmente, & dont la retraite laisse une trace qui annonce que la crise de la fermentation est passée.

Pour tirer avantage de cette trace, il faut auparavant avoir observé le point où l'eau montoit lorsqu'on a achevé de remplir la cuve, & prendre le moment où le ralentissement de la fermentation permet de voir la moitié ou les deux tiers de cet intervalle à découvert, pour lâcher la cuve.

Si, faute d'attention à ces avis, & sur les premieres apparences de la conformité du grain d'une herbe de foible qualité bien fermentée, avec celui d'une bonne herbe qui ne l'est pas assez, on se détermine à pousser la fermentation dans l'idée de perfectionner ce grain, la cuve tombera en putréfaction, & on la perdra sans ressource.

Mais si une cuve est tombée dans cet état pendant l'absence d'un homme expérimenté, il en reconnoîtra aisément l'excès, malgré la conformité & la ressemblance de ce grain embrouillé, à celui dont la fermentation n'est qu'ébauchée; car le premier ne se sépare point comme l'autre, & il reste à flot entre deux eaux, dont la couleur est quelquefois d'un jaune pâle, d'un verd sale & le plus souvent bleuâtre. Il verra de plus se former à la superficie de la tasse, une fleur qui, en se réunissant, présente un demi-cercle en maniere d'arc-en-ciel, & aussi une pellicule ou crasse blanchâtre sur la cuve, ce qui est une preuve d'excès. Il est vrai que cette fleur peut également se présenter dans la tasse & sur la cuve, quand les sucs de la plante se trouvent altérés par les pluies continuelles qui l'ont noyée, ou quand l'herbe a trop de maturité, ce qui arrive lorsqu'on en laisse nouer la graine; mais cette fleur ne s'entretouche pas comme celle d'une cuve dont la putréfaction est ébauchée.

On doit inférer de tout ceci, que l'Indigotier doit s'attacher particuliérement à la netteté & à la belle qualité de l'eau pour gouverner la fermentation de la premiere cuve, quand elle se trouve chargée d'une herbe telle que nous l'avons décrite au commencement de cet article, sans avoir trop d'égard au petit grain, pourvu qu'il cale bien, & qu'il ait soin d'y conformer le battage qu'il doit lui donner ensuite avec toute la circonspection possible. C'est dans la Batterie qu'il en verra & corrigera le défaut, sur lequel il jugera du temps de la fermentation de la cuve d'herbe suivante & de la qualité du grain qu'il doit en attendre, lequel ira vraisemblablement en se perfectionnant.

Ces éclaircissements sont d'autant plus intéressants, que bien des gens risquent de perdre la premiere cuve pour assurer le succès de la seconde, qui est comme la base de toute la coupe. Si celle-ci réussit, le reste ne sera qu'une routine tandis que le temps se tiendra au beau; car s'il devient pluvieux, ce sera une circonstance de plus pour accélérer la fermentation. Je ne dois pas omettre à la suite des circonstances qui précédent & occasionnent une plus courte fermentation, le ravage de la Chenille: il est tout naturel qu'une herbe dépouillée de la moitié de ſon feuillage, travaille moins long-temps qu'une autre bien garnie ; & qu'une cuve remplie de ces inſectes, tende bientôt à la putréfaction. On ne laiſſe cependant pas d'en tirer parti en les mettant, autant qu'il eſt poſſible, deſſous l'herbe avec laquelle ils rendent quelquefois de bon Indigo. Mais on doit s'attendre, pour peu qu'on tarde à lâcher une cuve de pareille herbe, qu'elle jettera bientôt à ſa ſuperficie une craſſe ou pellicule qui eſt l'indice d'un prochain relâchement dans la liaiſon du grain ; ainſi il faut en arrêter de bonne heure la fermentation, & prendre garde de ne pas confondre cette pellicule de la taſſe & de la cuve avec celle d'une bonne herbe trop fermentée, ou avec celle d'un Indigo coupé en graine, ou d'une autre enfin qui n'a point de corps.

Après avoir expoſé les cauſes qui déterminent une prompte & inſenſible fermentation, ainſi que les moyens d'en éviter l'illuſion & les inconvénients, il eſt néceſſaire d'entrer dans le détail d'une circonſtance étrangere à l'Indigo, qui peut en déranger & reculer conſidérablement le point : c'eſt des vaiſſeaux que j'entends parler.

La fraîcheur des cuves neuves, & peut-être auſſi l'action de la chaux, ralentiſſent conſidérablement la fermentation du premier Indigo qu'on y met. Son efferveſcence ne paroît quelquefois qu'au bout de quarante heures, tandis que la ſeconde n'en demandera pas vingt. Les vaiſſeaux dont on n'a point fait uſage depuis pluſieurs années, produiſent à-peu-près le même effet ; on apperçoit même toujours quelque différence à cet égard dans les cuves qu'on emploie d'ordinaire, lorſqu'on leur donne quelque repos, particuliérement celui des plantations ; ce retard de fermentation, cauſé par les vaiſſeaux, mérite d'autant plus d'attention, qu'il ſe rencontre ſouvent avec la coupe de la premiere herbe, dont la prompte & inſenſible diſſolution, ſemble entrer en contradiction avec cette ciconſtance. Dans ce cas, il vaut mieux retrancher quelques heures, que d'en donner une de trop ; parce que ſi l'on perd quelque choſe ſur la quantité, on eſt au moins dédommagé par la qualité qui n'en ſouffrira point, s'il ne manque rien au reſte de ſon apprêt, & s'en tenir au premier grain qui paroîtra capable de ſouffrir le buquet, qu'il faut toujours dans ces rencontres ménager avec prudence.

On doit encore mettre au nombre des circonſtances qui retardent le plus ordinairement la fermentation, la fraîcheur de l'eau dont on remplit les cuves, & celle de l'air pendant le temps qu'elles travaillent. Mais comme nous nous ſommes fort étendus ſur les effets de cette derniere cauſe, dans l'Avertiſſement qui précede ce Chapitre, le Lecteur peut y avoir recours. Nous ne l'entretiendrons ici que de la fraîcheur de l'eau, qui dépend en grande partie de celle de l'air. Il eſt évident que plus l'eau eſt froide, plus la cuve doit tarder à bouillir ; c'eſt pourquoi la plupart de ceux qui ſont en état de faire la dépenſe d'un baſſin pour expoſer leur eau au ſoleil pendant vingt-quatre heures, ne négligent guere d'employer un moyen ſi propre à accélérer le progrès de la fermentation. Cette méthode leur procure deux avantages. Le premier eſt de gagner près de deux ou trois heures ſur ceux qui ne rempliſſent leur cuve qu'à ſur & à meſure avec des ſeaux.

Le ſecond eſt de retirer plus d'Indigo par la fermentation complette de l'herbe qui ſe fait tout à la fois. Mais lorſqu'une cuve a été réchauffée par un ou deux bouillons, & avinée par la force de la matiere qui la pénetre, elle rentre dans l'ordre naturel; la ſeconde ſe fait plus promptement & ainſi de ſuite, juſqu'à un certain point. C'eſt pourquoi l'Indigotier doit viſiter cette ſeconde cuve de bonne heure, afin de s'y trouver avant qu'elle ſoit paſſée; car s'il ne vient qu'après avoir donné au grain le temps de ſe diſſoudre, il trouvera en arrivant que celui-ci reſſemble beaucoup au grain de la cuve précédente, qui n'étoit réellement pas formé à pareille heure, & il tombera dans l'inconvénient dont nous avons parlé ci-deſſus, en différant, dans l'eſpérance d'un changement favorable. A la ſeconde viſite, il ſera ſurpris de trouver le même grain, s'il n'y a du pire; dans cette perplexité, il s'aventure à lui donner encore quelques heures, & il gâte tout. Ce qui lui fait le plus de tort dans cette occaſion, c'eſt que s'appercevant enfin de ſon erreur, il ne peut pas également connoître depuis quel temps elle eſt tombée dans cet excès, ou combien elle a déja d'heures de trop; ce qui eſt d'une grande conſéquence pour la troiſieme cuve. Un homme qui fait deux fautes de ſuite, ne doit point s'entêter davantage, ni rougir de demander l'avis d'un autre; quand il ſeroit moins habile, il pourra le remettre ſur la voie, parce qu'il y va de ſens froid, & qu'il n'a pas l'eſprit troublé par deux bévues conſécutives. Les viſites doivent ſe faire de bonne heure; mais il ne faut pas les réitérer coup ſur coup: car on s'imagine toujours voir la même choſe. Si donc après la premiere viſite de la cuve, on préſume qu'elle a encore dix heures à courir, & qu'on y aille les deux premieres fois enſuite de quatre heures en quatre heures, ne doit-on pas ſavoir à quoi s'en tenir à la troiſieme, & en diſtinguer mieux la différence que ſi on n'avoit mis aucune diſtance raiſonnable entr'elles? Si à la derniere fois la cuve ſe trouvoit par haſard paſſée, il n'eſt pas difficile de s'en appercevoir aux remarques que nous avons données ci-devant pour ce cas.

ARTICLE SECOND.

SUPPOSONS maintenant que l'Indigotier travaille ſur une herbe qui a profité des circonſtances les plus favorables, beau temps, chaud, petites pluies douces, bonne terre, belle expoſition, peu de chenilles, & très-peu d'autres accidents, conſéquemment ſur une herbe pleine de ſubſtance. Dans cette circonſtance la fermentation devient néceſſairement fort longue, parce qu'il faut beaucoup de temps à l'eau pour en pénétrer & en développer toutes les parties, & des plus violentes par l'abondance des ſucs qu'elle met en action.

La chaleur de la cuve & l'écume conſidérable dont elle eſt couverte, la groſſeur

groſſeur & la rondeur du grain, ſont les indices & la preuve de l'abondance & de la force de ces principes & de leur diſpoſition à une parfaite liaiſon.

Lorſque la fermentation a amené le grain à ce point, l'eau en eſt nette & d'un clair doré, ſemblable à de belle eau-de-vie de Coignac ; d'autres fois elle eſt rouſſe, ou d'un verd doré clair ; mais il ne faut pas s'obſtiner abſolument à une couleur, ſur-tout à la dorée, qu'on ne trouve guere à la premiere & à la derniere coupe. Il ſuffit que l'eau ſoit claire & nette, & que le grain s'en détache bien, lorſqu'il cale ou deſcend au fond de la taſſe. Vous noterez que quand l'eau eſt de nature à être rouſſe, elle prend & conſerve cette couleur après comme avant le terme de la juſte fermentation ; mais en général elle eſt d'un bon préſage : la fécule s'en égoutte bien, parce que la qualité de cette eau eſt propre à former un bon grain, & le bon grain une belle marchandiſe.

La fabrique d'un pareil Indigo n'offre rien de difficile, & il faut ſe bien peu connoître au métier pour manquer une cuve, tandis que les choſes reſteront au même état ; mais ſi le temps change, elles changeront auſſi de face. Il ne faut pas s'étonner que trois jours de pluie cauſent une différence de deux ou trois heures de moins ſur la fermentation ; ſi au contraire le beau temps continue, la fermentation ſera ſeulement un peu plus longue. On doit être prévenu à ce ſujet, que deux ou trois heures de fermentation ne font pas plus d'effet dans les beaux temps, où l'herbe a beaucoup de corps, qu'une heure dans une ſaiſon dérangée où elle en a ſi peu.

Ce que nous avons dit dans l'article précédent ſur les indices & les erreurs d'une fermentation trop foible ou trop forte, relativement à une herbe de bonne ou foible qualité, ne pouvant cauſer qu'une répétition ennuyeuſe, nous y renvoyons le Lecteur, & paſſons tout de ſuite à l'examen d'une herbe qui par elle-même n'exige qu'une fermentation moyenne entre celles des deux premiers articles.

ARTICLE TROISIEME.

L'HERBE qui a ſouffert long-temps le ſec, ſur-tout dans des terreins élevés ou ſabloneux, manquant de ſubſtance, ne préſente à la fermentation qu'un feuillage épuiſé & flétri. Ces qualités ſont cauſe que l'eau la diſſout aſſez facilement, & que la fermentation en eſt moins longue que la précédente, à moins qu'on ne ſoit dans un temps froid & ſec, auquel cas elle eſt toujours, comme nous l'avons dit, beaucoup plus lente.

Les ſignes qui accompagnent cette fermentation ſont auſſi beaucoup moins violents ; ces ſortes de cuves ſont ſujettes à jetter une craſſe ; le grain en eſt mal formé, & il ſe montre comme élongé & en forme de pointe, quoique cette figure ne ſoit pas une circonſtance abſolue. Conſéquemment à tout ceci, le produit d'une telle herbe eſt très-mince, & il arrive ſouvent qu'en prolongeant le temps de ſa fermentation, afin d'en tirer parti, on approche trop près de la putride ; d'où réſulte la diſſolution du grain, une fécule qui ne s'égoutte point, & des ſucs craſſeux, ſignes ordinaires de putréfaction.

L'herbe qui eſt paſſée ou qu'on n'a pas coupée en ſon temps, eſt encore plus difficile, ſur-tout celle de l'Indigo bâtard, dont on a laiſſé nouer la graine. Pour l'amener à ſon vrai degré de fermentation & en tirer bon parti, il faut de grandes chaleurs & beaucoup de ſcience, ſans ces conditions on s'expoſe à un travail inutile.

Nous ne pouvons nous diſpenſer de joindre à ce Chapitre, la maniere dont on doit ſe comporter lorſqu'une cuve embarquée de jour doit être battue pendant la nuit.

Comme il n'y a rien de plus fatiguant que d'être debout pendant une partie de la nuit aux riſques de contracter des maladies dangereuſes, & que d'ailleurs on ne peut faire aucun fond ſur l'examen de l'eau que la lumiere fait paroître bleue, tandis qu'elle eſt verte, & le grain trop peu diſtinct pour ceux qui ont la vue courte, on doit ſonder ſa cuve avant que le ſoleil ſe couche ; & ſur la comparaiſon de ſon eau avec celle de la cuve précédente examinée à pareil terme, on ſe décidera ſur le temps qu'on lui donnera.

Mais s'il eſt queſtion d'une premiere cuve, on en eſtimera la durée par le changement que la fermentation a produit juſqu'à ce moment ; après quoi il ne s'agit plus que de conſulter la montre, & d'ordonner de lâcher la cuve un peu avant l'heure où l'on ſuppoſe qu'elle ſera parfaite, & ainſi des ſuivantes qui ſeront dans le même cas ; l'expérience ayant montré que cette méthode eſt préférable à celle de veiller la cuve au riſque égal de la manquer. Mais pour éviter tout inconvénient on doit en réſerver le battage au lendemain, parce qu'elle ſe perfectionne dans cet intervalle, & qu'on eſt en état à la pointe du jour de la traiter convenablement.

Ne peut-on pas ajouter en finiſſant ce Chapitre, que ſouvent plus les moyens de parvenir à un objet ſont ſimples, plus on néglige de les employer ?

En effet, on ſe ſert d'indices la plupart du temps très-ſuſpects, pour juger du point important de la fermentation, tandis qu'à l'aide d'un thermometre ſuſpendu dans la cuve, on pourroit acquérir la connoiſſance la plus exacte du progrès & du déclin de la fermentation, qui ſerviroit de regle pour chaque qualité d'herbe & chaque température de la ſaiſon, ſi on joignoit à cette foible dépenſe, celle d'un barometre & thermometre particuliers, pour obſerver le point de la chaleur extérieure, & les variations de l'atmoſphere qui influent ſi fort ſur l'opération, ſans toutefois négliger les autres remarques, puiſqu'on ne peut apporter trop de précaution pour conſerver un bien qui tend à s'échapper de tous côtés.

CHAPITRE SECOND.

Du Battage de l'Indigo.

LE Battage eſt l'opération la plus délicate de toute la manipulation de l'Indigo. Pour répandre ſur un objet ſi intéreſſant toute la lumiere dont il eſt ſuſceptible, & en rendre l'intelligence plus facile, nous allons expoſer dans l'ordre le plus exact qu'il nous ſera poſſible, les inſtructions les plus eſſentielles de la pratique, qui forment comme un corps de regles pour cet Art.

Quand la fermentation & le battage ont été pouſſés à leur juſte degré, la partie jaune ne ſe confond point avec la bleue ; ainſi il eſt aiſé de reconnoître ſi ces opérations ſont bien faites, à la couleur de l'eau ambrée, plus ou moins dorée ou paillée, tirant quelquefois tant ſoit peu ſur le verd, & toujours claire ; mais une mauvaiſe cuve ne produit jamais de belle eau, & plus elle paroît embrouillée & chargée en brun ou en bleu, plus elle eſt ſuſpecte d'excès de fermentation ou de battage.

L'écume d'une cuve qui n'a point aſſez fermenté, eſt verdâtre, pétillante, légere, mais quelquefois fort groſſe, vive à l'aſperſion de l'huile, & elle eſt ſujette à ſe reproduire & à revenir promptement. Celle dont la fermentation eſt parfaite & qui n'a point encore aſſez de battage, eſt violette dans les coins, légere, ſonore ſous le coup des Buquets, & ſe diſſipe tout d'un coup à l'attouchement de l'huile ; mais lorſqu'après avoir parti nettement d'abord, elle vient enſuite à lui réſiſter, c'eſt une marque qu'il faut en arrêter le battage.

Les cuves qui mouſſent beaucoup, dont l'écume épaiſſe ne céde point entiérement à l'aſperſion de l'huile, & dont la partie qui reſte dans les coins, eſt d'un bleu céleſte, dénotent la putréfaction.

L'excès de putréfaction ſe diſtingue toujours par un grain plat & évaſé, qui reſte ſuſpendu entre deux eaux, ou qui ne cale pas bien. Le grain affecte aſſez communément différentes formes ſuivant la diverſité des ſaiſons : le temps pluvieux occaſionne un petit grain plat & évaſé ; le temps favorable, un grain rond comme le ſable ; les temps de ſéchereſſe, un grain élongé en forme de pointe. L'Indigotier doit avoir attention de ne pas confondre le petit grain plat & évaſé, provenant de la qualité propre de l'herbe, avec celui que le défaut ou l'excès de fermentation d'une bonne herbe rendent à peu-près ſemblables ; car s'il attribue mal-à-propos la foibleſſe ou petiteſſe naturelle de ce grain à l'une ou l'autre de ces circonſtances accidentelles, il court riſque, en ménageant trop le battage comme pour une herbe trop fermentée, de n'en pas tirer tout le parti qu'il pourroit, & en le forçant comme s'il manquoit de fermentation, de perdre totalement la cuve, ou d'en altérer conſidérablement lep roduit.

L'Indigotier obſervera encore que toute diſſolution du grain, principalement celle qui eſt cauſée par excès de battage, occaſionne toujours une craſſe noirâtre ou ardoiſée ſur les ſacs dans leſquels on met la matiere à s'égoutter, & que la diſſolution putride ſe manifeſte ſur la cuve après le battage, par une pellicule blanchâtre, d'un luiſant plombé qui ſuit & enveloppe la fécule juſques dans les ſacs, dont elle bouche les paſſages en les couvrant d'un ſemblable enduit. Ainſi il regardera en général la craſſe d'un brun ardoiſé, comme l'effet d'un grain diſſous par trop de battage, & la pellicule blanchâtre ou plombée, comme provenant d'un excès de fermentation. Or, comme la putréfaction s'opere non-ſeulement par un trop long ſéjour de l'herbe dans la Trempoire, mais encore pendant le cours d'un trop long battage, qui du moins en produit tout l'effet; il n'eſt point ſurprenant de voir les ſacs d'une cuve trop battue, couverts d'une craſſe ardoiſée entremêlée de veines plombées.

La pellicule qui ſe produit ſur la Batterie, n'annonce au reſte la putréfaction que dans les cas où elle ſe diviſe quelque temps après le battage, en petites pieces qu'on appelle *Crapeaux* ou *Caillebottes*.

On donne auſſi quelquefois pour marque d'une cuve qui manque de fermentation ou d'un battage ſuffiſant, l'enduit cuivré dont les ſacs ſont couverts; mais il n'y a guere que celui qui fait l'Indigo qui puiſſe en diſtinguer la cauſe, ſi ce n'eſt dans les cas où le cuivrage eſt entremêlé de veines ardoiſées ou plombées; tous ces ſignes, ſur-tout le dernier, étant fort douteux & incertains, parce que l'indice de la craſſe plombée eſt ſujette à pluſieurs exceptions dont nous parlerons à meſure que l'occaſion s'en préſentera. L'Indigo molaſſe, c'eſt-à-dire, ſans aucune conſiſtance, après qu'on l'a verſé dans la caiſſe, prouve auſſi un vice, ſoit dans la fermentation, ſoit dans le battage.

Le défaut de l'Indigo, qui étant ſec devient friable, ou s'écraſe aiſément, provient, quand d'ailleurs la qualité n'en eſt pas mauvaiſe, de la coupe d'une herbe qui n'étoit pas aſſez mûre, ou de la foibleſſe du battage d'une cuve dont l'herbe n'avoit pas aſſez fermenté; mais la pâte d'un Indigo tout noir & celle d'un Indigo ardoiſé, picotté de blanc, d'un grain ſuivi ou ſans liaiſon, dénote toujours un excès de fermentation ou de battage.

L'Indigotier tiendra pour maxime invariable, que ſi l'herbe eſt déja un peu trop fermentée, il doit en ménager le battage; que ſi elle ne l'eſt pas aſſez, il doit le pouſſer; & que ſi la cuve eſt à ſon juſte point, il ne doit point le forcer.

Il obſervera de plus que le battage ſe regle non-ſeulement ſur la fermentation, mais encore ſur la qualité de l'herbe. Ainſi, quoiqu'il convienne en général de pouſſer le battage d'une herbe qui n'a point aſſez fermenté, il faudra cependant le ménager un peu lorſque l'herbe eſt affoiblie par les pluies ou l'humidité de ſon terrein. Il ſuivra la même regle à l'égard d'une herbe qui a éprouvé trop de ſec, en tenant un milieu entre celui de la bonne herbe & d'une herbe qui a eſſuyé trop de pluie; il en conclura enfin que, hormis les régles qui ſont propres à

ces

ces ſortes de cas particuliers, on doit en général conformer le battage à la fermentation, c'eſt-à-dire, que ſi une herbe eſt de qualité à exiger une longue fermentation, on doit pareillement lui donner un long battage, quand d'ailleurs elle a éprouvé la juſte fermentation dont elle a beſoin. On en agira ainſi proportionnellement à l'égard de celle qui demande une moins longue digeſtion. On doit répéter à cette occaſion, que plus les chaleurs ſont fortes, plus l'herbe auſſi a de corps & de ſubſtance, & que la longueur de ſon ſéjour dans la cuve par rapport à ſa qualité, ne doit pas ſe confondre avec celle qui eſt cauſée par le refroidiſſement de l'air, dont la continuation affoiblit inſenſiblement le corps de la plante, qui demande en ce cas moins de battage, quoiqu'elle reſte dans la Trempoire auſſi long-temps que l'autre; mais ſi elles ont autant de corps l'une que l'autre, il eſt viſible que la derniere doit cuver plus long-temps, quoiqu'il ne faille leur donner qu'un battage égal.

Ce rapport évident du battage à la fermentation & à la qualité de l'herbe, occaſionne différentes combinaiſons & par conſéquent divers traitements dont le détail nous engage à partager ce Chapitre en trois articles.

Dans le premier, nous ſuppoſerons trois cuves priſes également à leur juſte point de fermentation, dont la premiere contiendra une herbe de bonne venue, la ſeconde, une herbe altérée par les pluies, & la troiſieme par le ſec. Nous y joindrons les indices particuliers à la Batterie, propres à faire connoître ces différentes circonſtances & le battage qui leur convient.

Nous repréſenterons dans le ſecond article, trois cuves d'herbe ſemblables à celles de l'article précédent, mais qui toutes trois n'ont point aſſez fermenté.

Nous expoſerons dans le troiſiéme article les mêmes objets relativement à une fermentation peu excédée, ou dont la putréfaction n'eſt qu'ébauchée.

ARTICLE PREMIER.

Du Battage d'une herbe qui a bien cuvé.

L'INDIGOTIER qui traite une cuve de bonne herbe priſe à ſon juſte degré de fermentation, doit bien ſe garder d'en forcer le battage; car pour peu qu'il en donne trop, il ôte ſon plus beau luſtre à l'Indigo. Le moyen de ne pas l'excéder, eſt d'obſerver exactement le grain lorſqu'il eſt ſur ſon gros, ou que les parties éparſes commencent à s'accrocher & à former de petites maſſes; c'eſt alors qu'il doit examiner l'effet du raffinage, ou la diminution que l'agitation du Buquet occaſionne ſur elles: car peu après leur plus grand amas, leur étendue change de forme & de volume; elles ſe reſſerrent, s'arrondiſſent & s'appéſantiſſent de maniere à rouler les unes ſur les autres comme des grains de ſable fin, au fond de la taſſe où elles calent en ſe dégageant diſtinctement de la liqueur, qui doit paroître alors claire & nette: les particules du grain les plus ſubtiles qui couvrent le fond de la taſſe cherchent, quand on la penche, à rejoindre le gros grain, & en laiſſent le côté le plus élevé bien net & ſans aucune craſſe; c'eſt ce qu'on appelle *faire la preuve*. On fait encore cette preuve d'une autre maniere; on met le pouce dans la taſſe, lorſqu'elle eſt penchée & preſqu'à moitié pleine, ſur l'endroit où l'eau eſt le plus bas; ſi elle remonte tout d'un coup vers le bord qui eſt nud & découvert, c'eſt un pronoſtic du ſuccès de la cuve. Cet effet ſe manifeſte encore plus clairement quand on appuie le pouce un peu ferme ſur le fond de la taſſe.

L'écume entre auſſi dans la claſſe des indices; en effet, quand l'herbe eſt bien fermentée & bien battue, l'écume qui participe aux qualités de l'extrait, en eſt légere, vive, pleine de groſſes empoules pétillantes, & lorſqu'on jette de l'huile deſſus, dans le cours du battage, elle ſe diſſipe ſur le champ avec un certain frémiſſement ſec & très-facile à diſtinguer de loin; enfin elle diſparoît naturellement d'elle-même, lorſque le battage ayant été amené à ſa perfection, on laiſſe la cuve tranquille. Si au contraire une demi-heure ou une heure après qu'il eſt ceſſé, il reſte comme une petite bordure d'écume tout autour du quarré de ce vaiſſeau, c'eſt une marque que l'herbe n'a point aſſez fermenté. Mais ſi on force le battage lorſqu'il eſt parfait, on détache les parties les plus légeres du grain, & on rompt celles qui ont le moins de liaiſon. De la diviſion des premieres, il réſulte un grain volage qui reſte entre deux eaux & s'écoule en pure perte, & de la diviſion des ſecondes un dépôt qui remplit les intervalles du gros grain, & s'oppoſe à ſon épurement dans la cuve & dans les ſacs dont il bouche les iſſues en enduiſant les dehors d'une craſſe ardoiſée qu'on ne voit point ſur ceux d'une cuve fermentée & battue à propos, dont les ſacs ſont toujours ſecs & bien nets. De-là vient une caiſſe de fécule liquide qui, avant d'avoir acquis ſa conſiſtance, éprouve tous les inconvénients dont nous avons parlé à la fin de la deſcription de la manipulation, diminue de moitié & ne produit qu'un Indigo de peu de valeur.

Ainſi il vaut mieux pécher par défaut de battage que par excès; car, ſi ce défaut cauſe une diminution ſur le produit, la qualité de ce qui reſte le fera du moins eſtimer & paſſer parmi le bon; d'ailleurs on peut remédier à ce défaut, comme nous le ferons voir à la fin de ce Chapitre.

Si l'Indigotier traite une cuve d'herbe venue dans un terrein humide, dont il ait heureuſement rencontré le juſte point de fermentation, il doit beaucoup diminuer du battage de la précédente, crainte d'altérer & de détruire la foible liaiſon de ſon grain; du reſte il ſe rappellera ce que nous avons dit dans l'Introduction de ce Chapitre, au ſujet de l'eſpece de reſſemblance qu'a naturellement le petit grain de cette herbe avec celui d'une bonne herbe trop ou trop peu fermentée, & il en arrêtera le battage dès qu'il verra le grain formé & l'eau bien nette. S'il travaille ſur une herbe qui ait éprouvé trop de ſec, ou dont le temps de la coupe ſoit paſſé, & qu'il parvienne à l'amener à ſon juſte point de fermentation, il en modérera le battage, ainſi que nous avons dit, afin de ménager la foible liaiſon d'un grain apauvri, qu'il trouvera d'ordinaire élongé en forme de pointe; au reſte il ſe ſervira des indices ci-deſſus pour en arrêter le battage.

ARTICLE SECOND.

Du Battage d'une herbe qui n'a pas aſſez fermenté.

LA crainte où l'on eſt d'excéder la fermentation, fait qu'on en atteint rarement le juſte point; il eſt aiſé de reconnoître ce cas par l'écume de la Batterie qui eſt verdâtre, le plus ordinairement légere, quelquefois cependant fort groſſe, mais qui diſparoît dans le moment qu'on y jette de l'huile. Cette écume eſt ſujette à ſe reproduire bientôt, & il en reſte ſouvent dans les coins qui paroît d'un violet foncé; mais il ne faut pas s'en inquiéter, & ſe porter ſur la foibleſſe du grain, ſuſpect en apparence d'un excès de fermentation, à en ménager le battage; on doit au contraire, ſi l'herbe eſt de bonne qualité, le pouſſer quelquefois juſqu'à n'en plus voir du tout, & juſqu'à ce qu'il s'en préſente un autre bien formé avec une eau bien nette; cette eau ſera alors le plus ſouvent d'un verd clair ou d'une couleur rouſſe comme de la bierre, d'autant plus foncée que la fermentation aura été plus foible: au reſte les ſacs en ſeront bien nets. Mais ſi par égard à ſa foibleſſe, on ménage ce petit grain errant, qui ne demande qu'une façon de plus pour ſe délivrer des obſtacles qui s'oppoſent à une jonction plus conſidérable; ce défaut d'apprêt occaſionnera la perte de quantité de principes non formés qui s'écouleront lorſqu'on lâchera la cuve, une imperfection de liaiſon dans le grain, qui en rendra le dépôt très-difficile à égoutter, & l'Indigo qui en proviendra, friable au moindre choc; défaut auquel eſt ſujette la fécule d'une herbe qui n'a point aſſez cuvé, & dont l'extrait n'a point été aſſez battu. On appercevra après le battage une eau verte qui provient des ſucs que la foibleſſe de cette opération a laiſſés dans leur état naturel, & les ſacs ſeront cuivrés. Ce dernier indice ſert à faire connoître ſi l'eau verte de la cuve provient d'un ménagement de battage ou d'un excès de fermentation, ce qui eſt de conſéquence pour régler le battage ſuivant.

Si par la circonſtance d'un terrein bas & humide, ou par celle de la ſaiſon pluvieuſe, on vient à travailler ſur une herbe dont la qualité ſuſpecte d'une diſſolution inſenſible, oblige de prévenir le juſte point de ſa fermentation, les foibles obſtacles qui s'oppoſent à la liaiſon des parties ſont bientôt diſſipés, & le grain qui par la qualité de cette herbe eſt naturellement petit, ne tarde pas à ſe former. Ces deux circonſtances, qui peuvent faire préſumer qu'il n'eſt point encore à ſa perfection, ſont ſouvent cauſe qu'on en excede le battage, quoiqu'il ſoit déja parfait. Mais on préviendra les inconvénients de cette mépriſe, en viſitant la cuve de bonne heure & en ceſſant de la battre dès que le grain en ſera ſuffiſamment formé, que l'eau s'en ſéparera nette, & ſur-tout, ſi l'on s'apperçoit que l'écume réſiſte à l'huile.

Lorſqu'on doit battre une cuve d'herbe ravagée par la Chenille, dont on auroit retranché juſqu'à une ou deux heures de fermentation, par la crainte d'en altérer la qualité, il faut auſſi en ménager le battage, & ſe donner de garde d'en trop rafiner le grain; car la craſſe qu'elle aura pu jetter ſur la Trempoire, annonce une diſpoſition prochaine à la diſſolution putride, avec tous les inconvénients qui en réſultent. Les ſacs de cet Indigo ſeront cuivrés comme ceux de toutes les cuves qui manquent de fermentation, & dont on a épargné le battage.

Enfin s'il eſt queſtion de battre une cuve d'herbe qui ait eſſuyé une trop longue ſécheresse, ou dont on a laiſſé paſſer le temps de la coupe, & dont on ait arrêté trop-tôt la diſſolution, on en forcera raiſonnablement le battage, & on ſe ſervira des indices ordinaires pour en régler la meſure.

ARTICLE TROISIEME.

Du Battage d'une herbe dont la diſſolution eſt excédée d'une ou deux heures dans les beaux temps.

Il eſt important de ne pas confondre le grain plat & embrouillé d'une cuve de bonne herbe qui a trop de pourriture, avec celui de la même herbe qui n'a point aſſez fermenté, ou d'une herbe de mauvaiſe qualité, quoique bien fermentée, ou encore d'une cuve trop battue. On connoîtra l'état & le vice de celle dont nous parlons, par ſon écume graſſe & épaiſſe que l'huile ne fait preſque point diminuer, & par celle qui s'amaſſe dans les coins de la Batterie, dont la couleur eſt d'un bleu céleſte, par ſon grain évaſé & qui ſe forme beaucoup plus vîte qu'à l'ordinaire, de même que par ſon eau plus ou moins chargée de bleu, laquelle ne peut dans la taſſe ni dans le vaiſſeau, même après le battage, ſe clarifier & ſe ſéparer comme celle d'une bonne cuve, & qui brunit de plus en plus à meſure qu'on pourſuit ce travail. Sur ces remarques, preuves infaillibles de ſon excès, & ſur la conformité que la cuve peut avoir avec ces indices, l'Indigotier doit prendre toutes ſes précautions, & meſurer le battage en conſéquence. Voici ce qu'il obſervera dès que le grain ſera ſur ſon gros: il ne faut pas qu'il quitte la taſſe, parce que chaque coup de Buquet y fait impreſſion. Lorſqu'il a trouvé le moment où le grain eſt paſſablement rond, il doit ceſſer le battage, ſans chercher à rafiner ou reſſerrer la liaiſon de ſes parties. Quand il eſt parvenu à ce terme, il trouvera que l'eau brunit dans la taſſe à vue d'œil à meſure qu'elle ſe repoſe; cela n'empêchera pas qu'elle ne ſoit verte & brune dans la cuve, à l'exception de la ſuperficie ſur laquelle il ſe forme une eſpece de crême ou glacis qui la couvre quelques heures après le repos, & ſe diviſe enſuite en pieces qu'on appelle *Caillebottes*. C'eſt là d'où provient cet enduit plombé qui

qui paroît ſur les ſacs, qu'on doit attribuer ici à la diſſolution des parties, cauſée par excès de fermentation, dont l'effet eſt de remplir tous les intervalles du grain le mieux formé, & de l'empêcher de s'égoutter; c'eſt pourquoi dans toutes ces rencontres on tâche d'enlever, autant qu'il eſt poſſible, cette craſſe avec une plume ou fougere de mer. Malgré ces précautions & la bonne qualité de l'herbe, on ne peut ſouvent en tirer qu'un Indigo terne ou ardoiſé & de mauvaiſe conſiſtance. Cette craſſe ſur les ſacs dénote une heure d'excès de fermentation & même deux ou trois, ſi l'on eſt dans la belle ſaiſon où l'herbe produiſant une plus grande quantité d'eſprits, l'action des autres principes qui tendent à la putréfaction complette, eſt plus long-temps ſuſpendue.

L'eau qui après le battage paroît brune, eſt une preuve infaillible de putréfaction. Il y a encore une eſpece de putréfaction dont les indices ſont différents de ceux-ci : on trouve après le battage une eau clairette ; on a même quelquefois bien de la peine à s'appercevoir de ſon vice : l'eau reſte nette & ſans craſſe. Ces ſortes de cuves écument beaucoup & ſont faciles à battre, parce que le grain ſe forme promptement ; mais elles ſont difficiles à égoutter.

S'il eſt queſtion d'une herbe de foible qualité déja paſſée en putréfaction, rarement ſera-t-elle en état de ſupporter le battage ; ainſi il ſera nul ou le plus foible de tous, & l'Indigo, ſi on en retire de cette cuve, ſera de plus mauvaiſe qualité.

Si l'herbe eſt de l'eſpece de celles qui ont ſouffert le ſec, ou dont le temps de la coupe ſoit paſſé, & qu'on en ait laiſſé effleurer la putréfaction, on en ménagera ſinguliérement le battage.

Nonobſtant tous ces ſoins, on ne doit s'attendre à rien de bon de ces ſortes de cuves. Si cependant la pourriture n'eſt excédée que d'une ou deux heures dans les beaux temps, ce défaut n'occaſionnera que la perte de quelques livres d'Indigo, & ſa qualité en ſouffrira très-peu.

On peut comprendre, d'après tout ce que nous avons dit dans le cours de cet Ouvrage, combien il eſt important de ne pas confondre les indices, afin de ne pas diminuer ou augmenter le battage au lieu de la fermentation, & la fermentation au lieu du battage ; & afin de juger ſainement des cas où l'on doit recommencer cette derniere opération. Un Indigotier peut ſe rencontrer dans le cas de recommencer le battage d'une cuve qu'il aura craint de trop pouſſer, ſoit qu'il ait ſoupçonné mal à propos ſon herbe d'être trop fermentée, tandis qu'elle ne l'eſt pas aſſez, & que faute d'un battage convenable le grain tarde trop long-temps à ſe préſenter ; ſoit qu'il paroiſſe d'une foibleſſe ou d'un embrouillement propre à faire croire qu'il a déja trop ſouffert du Buquet : on peut alors ſuſpendre le battage, & laiſſer repoſer la matiere une ou deux heures, afin de s'en éclaircir plus amplement par la qualité de l'eau. Si au bout de ce temps, pendant lequel la fermentation ſe perfectionne, on remarque une eau chargée ſur le verd & un filet d'écume tout autour de la cuve, comme celle d'un pot qui commence à bouillir, il convient de recommencer le battage : ſous peu il renaît un ſecond grain bien plus gros que le premier ; mais comme il eſt d'abord plat & informe, on le rafine & on l'arrondit à force de battage. L'eau, de quelque couleur qu'elle ſoit, s'en ſépare alors nette & claire, & s'égoutte enſuite parfaitement. On n'uſera cependant de ce moyen que dans le cas où l'on obſervera une eau d'un verd tirant ſur le jaune, ou d'un roux qui ſera d'autant plus fort que le degré de fermentation aura été plus foible. Mais comme cette couleur qui eſt d'un bon préſage, ſe rencontre quelquefois avec la plus juſte fermentation, & même en certaines circonſtances avec la putréfaction, l'Indigotier ſe rappellera s'il n'a apperçu qu'une légere écume ſur la cuve lors du battage, & ſi elle eſt partie nette lorſqu'on l'a ceſſé. Ces remarques, jointes à celles du grain informe & errant, indiquent un ſecond battage ; mais il ne doit pas faire partir un premier grain pour en faire venir un ſecond, ſi, après le terme de ſon repos, l'eau paroît d'un brun bleuâtre ſur un fond verd : ces couleurs annoncent un excès de fermentation & la néceſſité d'un foible battage qu'il a reçu & auquel on doit ſe borner ; car la couleur bleue répandue dans la cuve, provient d'une partie du grain trop affoibli par la fermentation & diſſous par le battage, ce qui en détermine le ménagement. La couleur verte prouve que la putréfaction & le battage ne ſont point achevés, puiſqu'il exiſte encore des ſucs qui n'auroient point cette couleur ſi la pourriture étoit exceſſive, ou ſi par un battage convenable à leur qualité, ils avoient acquis la forme de grain.

Il n'eſt point étonnant que la multiplicité de tant d'obſtacles faſſe quelquefois échouer le plus habile Indigotier, & à plus forte raiſon ceux qui n'ont pas autant de ſcience ; c'eſt pourquoi quelques-uns ont imaginé deux moyens pour ne pas perdre entiérement le fruit de leurs travaux, ſoit qu'ils ayent erré dans la fermentation ou dans le battage.

L'un eſt de remettre l'eau ou l'extrait entier d'une cuve trop battue ſur la cuve d'herbe ſuivante, dans l'eſpérance de rendre le produit de celle-ci plus conſidérable. J'ignore le ſuccès de cette expérience ; mais je préſume qu'elle n'a conduit à rien de bon, & je penſe qu'on ne doit jamais riſquer de gâter une ſeconde cuve pour réparer la perte de la premiere.

L'autre moyen uſité par quelques-uns, eſt de faire écouler par le premier daleau de la Batterie, toute l'eau embrouillée qui ſe préſente à cette hauteur ; ils réſervent le reſte qui eſt toujours beaucoup plus épais, le tranſvaſent dans une chaudiere miſe ſur le feu, & en font évaporer la plus grande partie. Quand cette matiere, qui répand une odeur fort déſagréable, eſt un peu épaiſſie, ils la mettent dans les ſacs qui rendent d'abord une eau extrémement rouſſe ; au bout de vingt-quatre heures ils l'étendent ſur les caiſſes, ſans qu'elle ait beaucoup perdu de ſa fluidité ; lorſqu'elle a été expoſée quelques jours au ſoleil, elle ſe fend comme de la boue, mais ils ont ſoin de la réunir avec la truelle ; enfin ils la coupent par carreaux, qui deviennent enſuite ſi durs, qu'il eſt impoſſible de les rompre avec la main, & leur fracture ne préſente qu'un noir foncé.

Ce produit après tant de peine & de travail, paroît ſi ingrat & ſi dégoûtant, que preſque tous ceux qui manquent une cuve, préferent de l'écouler entiérement ſur le champ; l'infection que répand une cuve trop pourrie, doit les engager à n'y avoir aucun regret.

Obſervation ſur l'uſage des Mucilages dans la Fabrique de l'Indigo.

LORSQUE nous avons rapporté dans le ſixieme Chapitre du Liv. I, *pag.* 36 & 37, les différents moyens qu'on a imaginés pour précipiter la fécule de l'Indigo, nous avons particuliérement cité le Bois-canon ou trompette, la racine de Sénapou ou de Bois à enivrer, & nous avons rapporté la propriété de leur mucilage pour cet objet. Nous avons ajouté dans la Note qui eſt au bas de la page 37, que les gouſſes du Gombeau fourniſſoient auſſi en décoction, l'on peut même dire ſans décoction, une matiere mucilagineuſe qui nous paroît très-propre à remplacer le Bois-canon; nous aurions pu y joindre l'Herbe à balai, puiſqu'elle contient un mucilage qui produit le même effet, lorſqu'on en mâche un brin & qu'on laiſſe tomber la ſalive mêlée avec ſon ſuc dans la taſſe, pour connoître les progrès de la fermentation, &c. Au ſurplus je n'ai point vu ni entendu dire à Saint-Domingue, où il ſe fabrique encore une grande quantité d'Indigo, qu'on ait fait uſage de cet ingrédient ni des autres, pour précipiter la fécule d'une cuve entiere. Nous ne doutons cependant pas de ſon efficacité; mais nous n'en croyons pas l'emploi auſſi avantageux que quelques perſonnes venues de Cayenne, & qui n'en ont vu que ſuperficiellement la manipulation dans des demi-barriques, le prétendent: car pour tirer tout le grain qui peut ſe former dans une cuve, il faut la battre, & quand elle eſt battue convenablement, tout ce que l'extrait contient de principes propres à donner de l'Indigo, ſe transforme entiérement en grain; dans ce cas il n'eſt plus néceſſaire de recourir à l'artifice pour le précipiter, puiſqu'il cale de lui-même au bout de deux heures ou quatre tout au plus, & que pendant ce temps il eſt indifférent que la Batterie ſoit vuide ou pleine, puiſqu'en ſuppoſant qu'on embarque de nouvelle herbe dans la Trempoire auſſitôt qu'on en a tiré la précédente, on a au moins dix à douze heures à courir avant qu'elle ſoit bonne à larguer ou à couler. Mais ſi l'on verſe le mucilage dans l'extrait avant qu'il ait reçu un battage convenable, & capable de produire tout l'effet que nous avons dit ci-deſſus; le réſeau que forme le mucilage, n'entraînera que les parties de l'Indigo formé ſur leſquelles il peut avoir priſe, & il n'y a pas d'apparence qu'il transforme en grain les principes de l'Indigo que le battage auroit réduits ſous cette forme; ainſi dans ce ſecond cas l'addition du mucilage ne préſente point encore un avantage réel; au contraire, cette matiere gluante qui ſe précipite avec la fécule qu'elle entraîne, doit la rendre très-difficile à égoutter, & il n'est pas même bien sûr qu'en prenant la précaution de la faire sécher en tablettes très-minces, sa qualité n'en fût pas altérée. Mais nous pensons qu'on pourroit se servir utilement des mucilages lorsqu'on a trop laissé fermenter une herbe, & qu'on est obligé d'en ménager le grain qui ne peut souffrir un long battage; ou quand, par un excès de battage, on a dissous le grain qu'il seroit impossible de retenir sans cet expédient, qui nous paroît alors très-convenable & bien supérieur à tous ceux que nous avons rapportés avant d'entamer ce dernier article.

TABLE

Des Noms, Qualités & Prix de l'Indigo.

LES habitants de Saint-Domingue distinguent les qualités de l'Indigo de la maniere suivante, & l'estime qu'ils en font est relative à l'ordre dans lequel nous allons les exposer.

Le *Bleu* flottant ou nageant sur l'eau, dont le grain tendre & peu serré forme une substance légere & très-inflammable.

Le *Violet*, qui a un peu plus de consistance.

Le *Gorge de pigeon*, dont l'éclat approche d'un violet purpurin, est encore plus solide.

Le *Cuivré*, ou celui qui a l'apparence d'un cuivre rouge quand on passe l'ongle sur un morceau qu'on vient de rompre, est le plus ferme de tous.

L'*Ardoisé* & le *Terne picotté de blanc*, composés d'un grain suivi ou sans liaison, sont les dernieres qualités.

Nous ne faisons point entrer dans ce rang l'Indigo dont la pâte est entremêlée de veines ardoisées, parce qu'à proprement parler cette espece intermédiaire ne forme point une qualité décidée.

Prix en France des différentes qualités d'Indigo, extrait de la Gazette d'Agriculture, Commerce, Arts & Finances, du 23 Janvier 1770.

INDIGO bleu & violet de S. Domingue	8 liv. 10 s. à 9 liv.	à Bordeaux.
dito mêlé	7 . . . 5 . . à 8 . . . 5 s.	
dito cuivré fin	6 . . 15,	
dito ordinaire	6 . . . 8 . . à 6 . . . 10	
Indigo cuivré fin	6 liv. 10 s. à 6 liv. 15 s.	à Nantes.
dito cuivré ordinaire	6 . . . 8 . à 6 . . 10	
dito mélangé	8 . . . . . à 9	
dito bleu	10 . . . . . à 11 . . .	

Il nous vient quelquefois de l'Etranger des Indigos dont j'ignore le prix ; les uns ont des noms relatifs à leurs qualités, & les autres aux lieux de leur fabrique. De ce premier nombre ſont le *Laure*, le *Flor*, le *Corticolor*, le *Sobreſaliente*, &c ; & du ſecond, ſont l'Indigo dit *Guatimalo*, du crû de l'Amérique ; le *Java*, le *Bayana*, & tous ceux que nous avons cités dans le ſixieme Chapitre du premier Livre, en parlant de la culture & de la fabrique de l'Indigo dans les différentes parties de la haute Aſie & des Iſles adjacentes.

FIN.

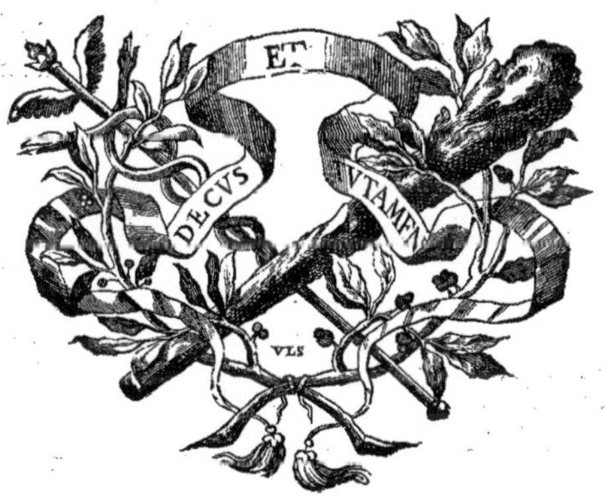

EXPLICATION DES FIGURES

CONCERNANT L'ART DE L'INDIGOTIER.

PLANCHE PREMIERE.

Figure premiere.

INDIGO élevé en France, calqué ſur la figure d'après nature, inſérée dans les Mémoires de l'Académie des Sciences, année 1718, *page* 92.

Figure 2.

Feuille d'une eſpece d'Indigo du Sénégal, dont M. Adanſon, de l'Académie des Sciences, nous a dit avoir toujours tiré un Indigo bleu flottant, d'une couleur approchant de l'azur.

Figure 3.

Gouſſe ou ſilique de l'Indigo dont nous venons de parler dans l'explication de la figure 2.

Figure 4.

Eſpece d'Indigo rampant qui croît au Bréſil & dans la nouvelle Eſpagne, dont on a copié la figure dans l'Hiſtoire Naturelle du Bréſil, par Piſon, Liv. 4, *page* 198. Tréſor des Matieres Médicales, Liv. 4, *page* 109, & en quelques Editions, *pages* 57 & 58.

Figure 5.

Eſpece d'Indigo riche & précieux de la terre ferme de l'Amérique, dont il découle un ſuc bleu lorſqu'on rompt la plante copiée dans Piſon comme ci-deſſus.

PLANCHE II.

Figure 1.

INDIGO nommé *Ameri* : Jardin Indien Malabare, par M. Rhede, Tome 1, figure 54.

Figure 2.

Indigo nommé *Colinil*, dont les ſiliques ſont recourbées : Jardin Indien Malabare, par M. Rhede, Tome 1, figure 55.

PLANCHE III.

Figure 1.

INDIGO nommé *Tarron.* Herbier d'Amboine, par Rumphe, cinquiéme Partie, Chap. 39, *page* 220.

Figure 2.

Rameau & ſiliques de grandeur naturelle, détachées de la plante ci-deſſus.

PLANCHE IV.

Figure 1.

PERSPECTIVE d'une Indigoterie ſimple, dont la Pourriture eſt chargée & barrée, & la Batterie montée & prête à battre au Buquet.

A, Trempoire ou Pourriture, vaiſſeau où l'on met l'herbe à fermenter.

B, Batterie, vaiſſeau où l'on bat l'extrait.

C, Repoſoir, troiſiéme grand vaiſſeau, ou eſpece d'enclos qui ſert à renfermer le Baſſinot ou Diablotin *K*, *fig.* 4 & 5, & le Ratelier *U*, *fig.* 1, 4 & 5, auquel on ſuſpend les ſacs remplis de la fécule de l'Indigo.

D, Poteaux ou Clefs de la Trempoire.

E, Daleau de la Trempoire, qui ſe débouche quand l'herbe a fermenté ſuffiſamment.

F, Daleaux de la Batterie, qui s'ouvrent les uns après les autres après le battage & le repos de l'extrait.

G, Barres des Clefs de la Trempoire.

H, Travers ou Barres de la Pourriture qui appuyent ſur les Paliſſades *I*, *Voy. fig.* 4.

I, Paliſſades ou planches de Palmiſte couchées ſur l'herbe quand la cuve eſt chargée ou pleine. *Voyez fig.* 4.

L, Eſcalier du Repoſoir.

M, Caiſſon du Buquet *MO*, avec lequel on bat l'extrait.

N, Fourches ou Chandeliers des Buquets.

O, Manche du Buquet *MO*.

Q, Daleau quarré du Repoſoir. Ce Daleau qui eſt toujours ouvert, répond au canal de décharge nommé *la Vuide*.

U, Ratelier où l'on ſuſpend les ſacs pleins de la fécule de l'Indigo.

Figure 2.

Perſpective de l'échaffaudage dreſſé ſur un puits d'Indigoterie pour en tirer l'eau & remplir la Pourriture après qu'elle a été chargée & barrée.

a, Fourche de la Baſcule.

b, Chevron qui forme la Bascule.

e, Echaffaud.

f, Fouet ou cordage du Seau.

g, Dale ou Gouttiere qui conduit l'eau à la Cuve.

m, Negre qui prend un Seau pour en verser l'eau dans la Gouttiere.

n, Negre qui fait monter un Seau qui est attaché à un des bras de la Bascule.

p, Puits de l'Indigoterie.

Figure. 3.

Perspective de la Sécherie & des Établis sur lesquels on met les caisses remplies de l'Indigo qu'on veut faire sécher.

r, Bâtiment de la Sécherie.

t, Établis qui se prolongent fort avant dans l'intérieur du Bâtiment.

On trouvera à la Planche 5 & dans son explication, tout ce qui concerne le détail de ces deux objets.

Figure 4.

Plan géométral d'une Indigoterie simple, dont la Pourriture est chargée & barrée, & la Batterie montée & prête à battre au Buquet.

L'Échelle qui est sur la Planche en indique les proportions.

A, Trempoire ou Pourriture, vaisseau où l'on met l'herbe à fermenter.

B, Batterie, vaisseau où l'on bat l'extrait sortant de la Pourriture.

C, Reposoir, troisieme grand vaisseau ou espece d'enclos qui sert à renfermer le Bassinot ou Diablotin *K*, & le Ratelier *U*, auquel on suspend les sacs remplis de la fécule de l'Indigo.

D, Poteaux ou Clefs de la Trempoire.

E, Daleau de la Trempoire, qui se débouche quand l'herbe a fermenté suffisamment.

F, Daleaux de la Batterie, qui s'ouvrent les uns après les autres après le battage & le repos de l'extrait.

G, Barres des Clefs de la Trempoire ou Pourriture.

H, Travers ou Barres de la Pourriture, qui appuyent sur les Palissades *I*.

I, Palissades ou planches de Palmiste couchées sur l'herbe quand la Cuve est chargée.

K, Diablotin ou Bassinot qui reçoit la fécule sortant de la Batterie.

L, Escalier du Reposoir.

M, Caisson du Buquet *MO*, avec lequel on bat l'extrait.

N, Fourches ou Chandeliers des Buquets.

O, Manche du Buquet *MO*.

P, Petite forme ou fossette qui se trouve au fond du Diablotin *K*.

Q, Daleau quarré du Reposoir. Ce daleau qui est toujours ouvert, répond au Canal de décharge nommé *la Vuide*.

U,

U, Ratelier auquel on ſuſpend les ſacs remplis de la fécule de l'Indigo.

V, Fond du Repoſoir.

Figure 5.

L'Echelle qui eſt ſur la Planche en indique les proportions.

Coupe verticale d'une Indigoterie.

A, Trempoire ou Pourriture, vaiſſeau où l'on met l'herbe à fermenter.

B, Batterie, vaiſſeau où l'on bat l'extrait ſortant de la Pourriture.

C, Repoſoir, troiſiéme grand vaiſſeau ou eſpece d'enclos qui ſert à renfermer le Diablotin *K* & le Ratelier *U*, auquel on ſuſpend les ſacs remplis de la fécule de l'Indigo.

D, Poteaux ou Clefs de la Trempoire.

E, Daleau de la Trempoire, qui ſe débouche quand l'herbe a fermenté ſuffiſamment.

F, Daleaux de la Batterie, qui s'ouvrent les uns après les autres après le battage & le repos de l'extrait.

G, Barres des Clefs de la Trempoire.

K, Diablotin ou Baſſinot qui reçoit la fécule ſortant de la Batterie.

L, Eſcalier du Repoſoir.

N, Fourches des Buquets.

P, Petite forme ou foſſette qui ſe trouve au fond du Diablotin *K*.

Q, Daleau quarré & toujours libre, qui répond au canal de décharge nommé *la Vuide*.

U, Ratelier auquel on ſuſpend les ſacs remplis de la fécule de l'Indigo.

V, Fond du Repoſoir.

X, Les Bondes de bois dans leſquelles on perce les trous des Daleaux.

Figure 6.

Cette figure repréſente la taſſe d'argent dont on ſe ſert pour faire la preuve, c'eſt-à-dire, pour examiner l'état du grain qui ſe forme dans l'extrait pendant la fermentation, & qui ſe perfectionne par le battage.

Figure 7.

Cette figure repréſente le cornichon qui eſt compoſé d'un bout de corne de bœuf ajuſté à un manche de bois. Cet inſtrument ſert à puiſer au fond de la Pourriture & de la Batterie, un peu de l'extrait qu'on verſe dans la taſſe *fig. 6*, ou dans la cuve même, lorſqu'on veut ſimplement connoître par l'épaiſſiſſement de la liqueur, les progrès de la fermentation.

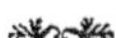

Planche V.

Figure 1.

U, Ratelier, aux crochets duquel on ſuſpend les Sacs *Z* pleins de la fécule de l'Indigo, miſe à égoutter.

Figure 2.

Truelle fine pour accommoder l'Indigo dans les caiſſes.

Figure 3.

A, Caiſſe à Indigo vuide, vue dans ſes proportions.

Figure 4.

A, Caiſſe nouvellement remplie d'Indigo.

Figure 5.

A, Caiſſe pleine d'Indigo qui commence à ſécher.

Figure 6.

Cette figure repréſente un Vaiſſeau détaché, où l'on bat l'Indigo à la maniere des Indes, décrite par MM. Tavernier & Pomet.

B, Batterie ou vaiſſeau dans lequel on bat l'Indigo.

G, Godets ou Seaux ouverts par en bas, & attachés à l'arbre de la Batterie, *Voyez G*, *fig.* 7.

I, Indiens qui donnent le mouvement à l'Arbre & aux Godets, par le moyen d'une Manivelle.

R, Arbre de la Batterie.

T, Daleaux de la Batterie.

Figure 7.

B, Coupe de la Batterie, *fig.* 6.

G, Godets ou Seaux ouverts par en bas.

R, Arbre de la Batterie.

Figure 8.

Cette figure repréſente la Sécherie. Ce Bâtiment couvre une partie des Établis ſur leſquels on fait ſécher l'Indigo dans les caiſſes.

A, Caiſſes à Indigo.

B, Établis.

M, Magasin où l'on renferme l'Indigo lorsqu'il est sec.
S, Bâtiment de la Sécherie.

Figure 9.

Front du bout de la Sécherie.
A, Caisses posées sur les Établis.
E, Établis.

Figure 10.

F, Tas de Gousses d'Indigo, étendues sur un drap.

Figure 11.

Coupe du Mortier de bois où l'on pile les gousses d'Indigo.
C, Creux & largeur du Mortier, qu'on appelle improprement *Pilon.*

Figure 12.

D, Manches ou Pilons du Mortier *C.*

Figure 13.

Cette figure représente la maniere de tirer la graine des gousses de l'Indigo.
C, Mortier.
D, Manches ou Pilons du Mortier.
E, Negres qui pilent des gousses d'Indigo.

PLANCHE VI.

Figure 1.

PLAN d'un terrein où il se trouve une riviere barrée par une digue, afin d'en distribuer l'eau à différents quartiers. Ce plan représente une habitation où l'on se sert de cette eau pour arroser l'Indigo, & une Indigoterie composée de huit Pourritures & de quatre Batteries où l'on bat l'Indigo des deux côtés avec un moulin à mulets ou à chevaux, tel qu'on le voit dans la *Planche* 7, *fig.* 2, 7 & 9.
A, Riviere.
B, La Digue.
C, Le Coursier.
D, Le Bassin à écluses.
E, Écluses.
G, Canaux du Bassin à écluses.
H, Bassin de distribution, où se fait la répartition des eaux.
L, Canaux particuliers des Bassins de distribution.
M, Canal commun de convenance ou de société, auquel on est obligé de donner passage quand le cas le requiert.

N, Baſſin de ſubdiviſion.

O, Caſe du Gardien de la Digue, avec un Magaſin & deux Caſes à Negres.

Explication des différentes Parties de l'Habitation.

a, Barriere ou entrée de l'Habitation.

b, Caſes à Negres.

d, Parc à Bœufs, & qui ſert auſſi pour les Vaches.

e, Hôpital.

f, Parc à Cochons.

g, Parc à Moutons : il y a au milieu une petite Caſe pour le Gardien.

h, Parc des Veaux : il ſe trouve à côté d'une petite Caſe pour le Gardien.

j, Grande Caſe ou logis du Maître.

l, Quatre Magaſins pour ſervir à différents uſages.

m, Sécherie, Bâtiment où l'on fait ſécher l'Indigo.

n, Indigoterie à double équipage, avec un Moulin au milieu qui bat des deux côtés.

p, Diviſion du Terrein planté en Indigo.

q, Planches ou Carreaux plantés en Indigo.

r, Place à Vivres des Negres, ou Terrein que les Negres cultivent pour leur nourriture.

s, Jardin potager.

t, Places à Vivres de la grande Caſe, ou Terrein cultivé pour les beſoins du Maître & de l'Hôpital.

u, Bannanerie ou Terrein planté en Bannaniers, *fig. 3*.

x, Bois de bout, ou Terrein en friche.

y, Piece de Magnioc, plante dont la racine grugée ou rapée & deſſéchée, ſe mange en farine ou en galettes, qu'on appelle *Caſſaves*.

z, Hayes ou entourages de l'Habitation ; en dedans ſont les foſſés par leſquels s'écoulent les eaux ſuperflues de la Riviere & autres.

Z, Foſſés de l'Habitation.

Figure 2.

Pied de gros petit Mil, ou Mil à panache.

Figure 3.

u, Pied de Bannanier.

Figure 4.

y, Pied de Magnioc.

PLANCHE

PLANCHE VII.

Figure 1.

PLAN géométral d'une Indigoterie composée de quatre Pourritures, dont la derniere est chargée & barrée; de deux Batteries, dont les cuillers se meuvent par des Arbres qui reçoivent leur mouvement d'un Moulin à chevaux, *fig.* 2, & d'un seul Reposoir qui renferme deux Diablotins.

L'Echelle qui est sur la Planche indique les proportions de toutes les parties de cette figure & des suivantes.

A, Trempoire ou Pourriture déchargée, dont on a levé les Barres des Clefs, pour mieux faire voir la position des poteaux, qu'on appelle *les Clefs*.

AA, Pourriture chargée d'herbe & barrée.

B, Batterie, vaisseau où l'on bat ici l'extrait de deux Pourritures.

C, Reposoir, ou espece d'enclos qui sert à renfermer les Diablotins *K* & le Ratelier *U*, auquel on suspend les sacs remplis de la fécule de l'Indigo.

D, Poteaux ou Clefs de chaque Pourriture.

E, Daleaux de la Pourriture.

F, Daleaux de la Batterie.

G, Barres des Clefs de la Trempoire *AA*.

H, Travers ou Barres de la Pourriture.

I, Palissades ou planches de Palmiste couchées sur l'herbe, quand la cuve est chargée.

K, Diablotin ou Bassinot qui reçoit la fécule sortant de la Batterie.

L, Escalier du Reposoir.

M, Caisson des Cuillers avec lesquelles on bat l'extrait. Ce Caisson n'est point ouvert par dessous comme celui des Buquets; le fond en est plein & assemblé comme les côtés. Lorsque ce caisson est joint à son manche, il forme un instrument à qui on donne spécialement le nom de *Cuiller*.

N, Colets de bronze ou de bois incorruptible, qui supportent les aissieux des Arbres qui traversent chaque Batterie.

O, Manche de la Cuiller *MO*.

P, Petite forme ou fossette qui se trouve au fond du Diablotin *K*.

Q, Daleau quarré du Reposoir: ce Daleau qui est toujours libre, répond au canal de décharge nommé *la Vuide*.

R, Arbre de la Batterie, à travers lequel passent les manches des Cuillers.

S, Rigole qui fournit l'eau à chaque Pourriture. Cette Rigole & ses bords sont élevés en maçonnerie le long des Pourritures, & couverts d'une couche de ciment. Pour mettre l'eau dans une cuve, il ne s'agit que d'enlever la terre grasse qui bouche la petite écluse *g*, & de fermer en même temps celle des autres cuves avec de pareille terre.

T, Rigole par laquelle on fait passer dans la Batterie la plus proche ou la plus éloignée, l'extrait des cuves qui ont assez fermenté. Cette Rigole est en maçonnerie comme la précédente ; ses bords sont tournés en fer à cheval devant les Daleaux. Les fers à cheval qui correspondent aux Daleaux des Pourritures qui ne sont point placées devant les Batteries, n'ont point aussi d'écluse ou d'ouverture sur le devant de leur rondeur ; mais les autres fers à cheval qui sont sur le bord des Batteries, ont une écluse droit au milieu de leur demi-cercle.

U, Ratelier où l'on suspend les sacs remplis de la fécule de l'Indigo.

V, Fond du Reposoir.

g, Écluses de la Pourriture.

h, Écluses de la Batterie.

m, Aquéduc qui conduit l'eau aux Indigoteries.

Figure 2.

Plan géométral d'un Moulin à chevaux pour battre l'Indigo.

A, Diametre de l'emplacement du Moulin un peu creusé en terre.

B, Chassis du Moulin.

C, Balancier ou grande roue horisontale qui engraine sur les Lanternes *E*.

D, Bras du Balancier. Ces Bras sont au nombre de quatre : ils forment une croix ; mais il n'en paroît que deux, les deux autres étant cachées sous les queues *G*.

E, Lanternes des Arbres *F*.

F, Arbres des Lanternes, couchés horisontalement.

G, Queues ou Bras de l'Arbre vertical *X*.

H, Palonniers où s'attachent les traits des Mulets.

X, L'Arbre de la grande Roue ou du Balancier.

Figure 3.

Hors des proportions de l'Echelle.

Cette figure représente l'assemblage & la liaison de l'Arbre d'une Lanterne avec l'Arbre d'une Batterie, par le moyen de l'aissieu qui est enchassé dans une entaille faite aux extrémités de ces deux Arbres. Lorsque le bout de l'aissieu est placé dans son entaille, on le couvre d'un tasseau qui remplit le reste du vuide, & on lie cet assemblage avec un cercle de fer.

A, Bout de l'Arbre de la Lanterne.

B, Bout de l'Arbre de la Batterie.

C, Aissieu emboîté & lié dans les extrémités des Arbres *A* & *B*.

L, Cercles de fer qui servent à assujétir l'aissieu & le tasseau qui le couvre.

Figure 4.

Hors des proportions de l'Echelle.

C, Aiſſieu de communication entre les différents Arbres des Lanternes & des Batteries.

Figure 5.

Hors des proportions de l'Echelle.

D, Repréſente l'entaille que l'on fait dans l'extrémité des Arbres *A* & *B*, *fig.* 3, pour recevoir l'Aiſſieu *C*, *fig.* 3 & 4, & le Taſſeau *E*, *fig. 6.*

L, Cercles de fer néceſſaires à la liaiſon de l'Aiſſieu & du Taſſeau, quand l'un & l'autre ſont couchés dans l'entaille.

Figure 6.

E, Taſſeau ou piece de bois qui remplit exactement le reſte de l'ouverture *D*, *fig.* 5, où l'on a couché auparavant l'extrémité de l'Aiſſieu *C*, *fig.* 3 & 4.

Figure 7.

Coupe géométrale d'un Moulin à chevaux pour battre l'Indigo.

A, Diametre de l'emplacement du Moulin.

B, Chaſſis du Moulin.

C, Balancier ou grande Roue horiſontale qui engraine ſur les Lanternes *E*.

E, Lanternes des Arbres *F*.

F, Arbres des Lanternes.

G, Queues ou Bras de l'Arbre vertical *X*.

H, Palonniers où s'attachent les traits des chevaux.

I, Piliers de maçonnerie, ſur leſquels ſont enchaſſés les colets qui reçoivent les Aiſſieux des Arbres horiſontaux *F*.

K, Pilier de maçonnerie, ſur lequel on enchaſſe la Platine qui ſupporte le cul-d'œuf de l'Arbre vertical *X*.

L, Chapeau ou couverture du Moulin. Ce Chapeau & toutes les pieces qui en dépendent, tournent avec l'Arbre vertical *X*, qui leur ſert de ſupport.

X, Arbre vertical du Moulin.

Figure 8.

Coupe géométrale des deux Batteries dont les Cuillers reçoivent leur mouvement du Moulin *fig.* 7, qui eſt à côté. On voit derriere ces deux Batteries, & en ſuivant du côté droit, l'élévation du mur de quatre Pourritures; & devant les deux dernieres Pourritures, on voit l'élévation d'un petit mur ſur lequel eſt la Rigole *T*, *fig.* 1, *Pl.* 7, par laquelle on fait paſſer dans la Batterie la plus éloignée ou la plus proche l'extrait des cuves qui ont aſſez fermenté. Voyez pour plus grand éclairciſſement l'explication de la figure 1, *Pl.* 7.

A, Mur des quatre Pourritures.

AA, Pourriture barrée.

B, Batteries.

D, Poteaux ou Clefs de Pourriture.

G, Barres de la Pourriture.

M O, Cuillers dont le manche traverſe l'Arbre qui eſt couché ſur chaque Batterie.

R, Arbres des Batteries.

T, Mur de la Rigole.

Figure 9.

Hors des proportions de l'Echelle.

Perſpective d'un Moulin à chevaux qui eſt en action pour battre l'Indigo. On ne peut voir la partie baſſe de cet ouvrage, parce qu'elle ſe trouve environnée & couverte d'une butte de terres rapportées pour la marche de Mulets; mais auparavant on a ſoin de mettre par-deſſus les Arbres des Lanternes, de longues & larges planches, afin de les mettre à l'abri de l'éboulement des terres & de tous les autres inconvénients qui pourroient les gâter ou en empêcher le mouvement.

B, Cage du Chaſſis.

C, Balancier ou grande Roue horiſontale.

E, Lanternes.

G, Queues ou Bras du Moulin, auxquels on attele les Mulets.

H, Mulets ou Chevaux, qui en marchant ſur la Butte *R*, donnent le mouvement à toutes les pieces du Moulin & de la Batterie qui y correſpondent.

L, Chapeau ou couverture du Moulin.

M, Butte de terre élevée tout autour du Moulin, après qu'on a couvert les Arbres des Lanternes qui paſſent deſſous, par de fortes planches ou madriers.

X, Arbre vertical du Balancier.

Figure 10.

Hors des proportions de l'Echelle.

Perſpective d'une Indigoterie compoſée de pluſieurs Pourritures. On voit dans cette figure deux Batteries dont les Cuillers reçoivent leur mouvement du Moulin *fig.* 9 qui eſt à côté.

A, Pourritures.

B,

B, Batteries.
C, Reposoir.
D, Clefs ou Poteaux de Pourritures.
M, Caisson de la Cuiller *M O*.
O, Manche de la Cuiller *M O*.
Q, Daleau de la Vuide.

Voyez pour plus grand éclaircissement, l'explication de la figure 1 de la même Planche.

Figure 11.

Cette figure représente une Cuve détachée où l'on bat l'Indigo par le moyen d'un Arbre à palettes, terminé par deux manivelles qu'on fait tourner à force de bras.

La vue de cette figure suffit pour en comprendre le méchanisme.

Figure 12.

Moulin à l'eau pour battre l'Indigo. On a supprimé tout ce qui pouvoit cacher son méchanisme & sa correspondance avec les pieces qu'il fait mouvoir dans les Batteries qui sont à côté. Voyez pour plus grand éclaircissement, l'explication des figures 1, 8 & 10 de la même Planche.

PLANCHE VIII.

Figure 1.

Branche d'Indigo franc calquée sur la figure qu'en a donné M. Hans-Sloane, dans son Histoire Naturelle de la Jamaïque, *Planche* 176, *fig.* 3.

Figure 2.

Branche d'Indigo sauvage de la Jamaïque, dont on a supprimé une partie du feuillage pour en laisser voir les siliques, copiée sur la figure qui se trouve dans l'Histoire Naturelle de la Jamaïque, par Hans-Sloane, *Planche* 179, *fig.* 2.

PLANCHE IX.

Figure 1.

Perspective d'un terrein travaillé au Rateau, pour le planter en Indigo.
A, Rateau. Voyez aussi les figures 10, 11 & 12 de la même Planche.
E, Branches du Rateau.
F, Barre du Rateau.
G, Negres qui tirent le Rateau.
H, Manches du Rateau.

I, Negre qui dirige la marche du Rateau.

K, Sillons tracés par les dents du Rateau.

L, Négresses qui plantent la graine de l'Indigo dans les sillons tracés par le Rateau.

Figure 2.

Perspective d'un terrein plein de trous faits avec la houe, *fig.* 4, pour y planter de l'Indigo.

A, Negres qui font des trous avec la Houe.

B, Négresses qui plantent la graine de l'Indigo dans les trous *D*.

C, Coui ou côté de Calebasse, *fig.* 9, dans lequel les Négresses portent la graine d'Indigo qu'on doit planter.

D, Trous fouillés dans la terre avec la Houe.

Figure 3.

Perspective d'un Terrein où l'on coupe l'Indigo, dont on fait des paquets qu'on porte à la Cuve.

M, Planche d'Indigo bon à couper.

N, Negres qui coupent l'herbe avec leurs couteaux à Indigo, *fig.* 7.

O, Négresse qui fait un paquet d'herbe.

P, Negre qui porte un paquet d'herbe vers la Cuve.

Figure 4.

Voyez l'Échelle pour les proportions.

Cette figure représente une Houe, instrument dont on se sert généralement dans nos Isles de l'Amérique pour travailler la terre. Cet instrument est composé d'un manche de bois passé dans la Douille du fer de la Houe proprement dite.

Figure 5.

Fer d'une Houe vue de côté.

Figure 6.

Fer de la Houe vue par sa face intérieure.

Figure 7.

Couteau à Indigo, ou Ferrement avec lequel on coupe l'Indigo.

Figure 8.

Rabot, instrument de bois avec lequel on rabat la terre dans les trous où l'on a planté l'Indigo.

Figure 9.

C, Coui ou côté de calebasse, dans lequel les Négresses portent la graine d'Indigo qu'on doit planter.

Figure 10.

Cette figure présente le côté du Rateau avec lequel on trace des sillons sur un Terrein où l'on veut planter la graine d'Indigo. *Voyez fig.* 1, de la même Planche.

A, Base du Rateau.
E, Branches de l'Avant-train.
H, Manches de l'Arriere-train.
R, Dents du Rateau.

Figure 11.

Cette figure représente l'Arriere-train du Rateau vu en face.

A, Base du Rateau.
H, Manches du Rateau.
R, Dents du Rateau.

Figure 12.

Rateau vu dans sa longueur.

A, Base du Rateau.
E, Branches de l'Avant-train.
F, Barre de l'Avant-train.
H, Manches de l'Arriere-train,
R, Dents du Rateau.

Figure 13.

Cette figure représente une dent du Rateau.

Figure 14.

Gratte vue de côté. La Gratte est un instrument de fer avec lequel on sarcle l'Indigo.

Figure 15.

Gratte vue de plat.

Figure 16.

Serpe, instrument de fer d'un fréquent usage dans toutes les habitations.

Figure 17.

Ciseaux imaginés par M. de Saint-Venant, Ingénieur au Cap François, pour couper l'Indigo : l'effet ne m'en est point connu.

PLANCHE X.

Voyez l'Echelle pour les proportions des ouvrages qui ſont repréſentés ſur cette Planche. On a été obligé de racourcir la longueur des canaux, afin de repréſenter toutes les autres parties dans leurs proportions.

Plan d'un Terrein où ſe trouve une Riviere barrée par une Digue pour en diſtribuer les eaux à différents quartiers. On voit au bas de ce plan trois bouts de planches ou carreaux, travaillés avec le Rateau, *fig.* 1, *Pl.* 9, dans leſquels on a tout nouvellement planté de la graine d'Indigo, & le commencement de leur arroſage ſur le carreau *P*. Les lettres *T* & *R* indiquent les endroits où l'on a déja mis l'eau ſur ce carreau. Les lettres *S*, *T*, *V*, *Y*, repréſentent la maniere de détourner l'eau de la Rigole *R*, & le moyen dont on ſe ſert pour la faire s'étendre ſur toute la largeur du carreau *P*.

Figure 1.

A, Riviere.

B, Digue.

C, Courſier.

D, Baſſin à écluſes.

E, Écluſes.

F, Pelles des Écluſes.

G, Canaux du Baſſin à écluſes.

H, Baſſin de diſtribution, où ſe fait la répartition des eaux.

I, Ouvertures ou embouchures des canaux de diſtribution.

K, Griſons ou pierres de taille plantées en trépied dans le Baſſin de diſtribution pour ralentir le cours de l'eau, & la faire s'étendre avec égalité vers les embouchures *I*.

L, Canaux particuliers des Baſſins de diſtribution.

M, Canal commun de convenance ou de ſociété, auquel les Habitations ſupérieures ſont obligées de donner paſſage quand le cas le requiert.

N, Baſſin de ſubdiviſion.

O, Caſe du Gardien de la Digue, avec un Magaſin & deux Caſes à Negres.

Figure 2.

P, Coin d'une diviſion qui renferme le bout de trois planches ou carreaux de terre travaillée avec le Rateau, *fig.* 1, *Pl.* 9, & nouvellement plantée en Indigo.

Q, Bout d'une planche de terre qu'on arroſe.

R, Rigole dont on détourne l'eau ſur la Planche *q*.

S, Negre qui détourne l'eau ſur la planche *q*, par le moyen de la Torque *y*, qu'il étend en travers du terrein.

T,

T, Ouverture faite au bord de la planche pour y amener l'eau.

V, Petit batardeau de terre fait pour barrer l'eau & la détourner vers la planche.

Y, Torque de feuilles de Bananier, étendue ſur le travers de la planche pour y retenir l'eau, & lui faire parcourir toute la largeur de la planche.

Z, Haies de l'Habitation.

Z, Foſſés de l'Habitation.

Addition relative à la Note de la page 68.

Les planches ont 13 à 14 pieds de large, ſur 120 à 200 pas de longueur; elles ſont ſéparées par des rigoles dont les bords s'élevent un peu au-deſſus du niveau du terrein. A l'extrémité ſupérieure de toutes ces planches, eſt une petite rigole dans laquelle on met l'eau quand on veut commencer à les arroſer; puis on continue par un de leurs côtés. A l'autre extrémité inférieure des planches, eſt une autre rigole plus grande que celle d'en haut, parce qu'elle reçoit le ſuperflu de l'arroſage & des pluies. Au-deſſous de cette rigole inférieure, on doit toujours laiſſer un petit chemin pour la commodité du paſſage, & afin de n'être pas obligé de marcher ſur l'Indigo. On fait ce chemin plus large ſur les grandes Habitations où l'on charge les paquets d'herbe, pour les Indigoteries, ſur des Cabrouets, que nous appellons en France *Charrettes*.

PLANCHE XI.

Figure 1.

Perſpective d'un Moulin pour broyer les feuilles deſſéchées de l'Indigo, ſuivant l'uſage de quelques endroits des Indes.

Figure 2.

Coupe du même Moulin, dont on a ſupprimé l'auge ou le Baſſin, afin de faire voir l'action d'un Rateau qui remue les feuilles qui ſont au fond de l'Auge, & fait retomber au milieu celles qui ſont ſur les côtés. Ce Rateau eſt attaché par deux branches aux aiſſieux de la Roue.

Figure 3.

Plan du même Moulin.

Figure 4.

Tourneſol des François, ou *Heliotropium Tricoccum*, plante qui croît dans le Bas-Languedoc, aux environs de Montpellier. On broye cette plante dans un Moulin comme celui dont on a parlé ci-deſſus, ou de toute autre maniere, & on en tire un ſuc qui devient bleu. Voyez le procédé & le réſultat de cette opération dans les Mémoires de l'Académie des Sciences, année 1712, *page* 17. La figure de cette plante est tirée de l'Histoire générale des Drogues, de Pomet le pere.

Figure 5.

Pastel, plante qui croît en Languedoc, aux environs d'Albi. C'est avec cette plante que se fait le Pastel dont on se sert fréquemment pour les Teintures en bleu. Voyez à ce sujet l'Art du Teinturier, donné par l'Académie des Sciences. Cette figure est également tirée de l'Histoire générale des Drogues, par Pomet pere.

Fin de l'Explication des Figures.

Extrait des Registres de l'Académie Royale des Sciences.

Du 30 Août 1769.

NOUS avons été chargés par l'Académie, M. Cadet & moi, de lire un Traité de l'Art de l'Indigotier, par M. *de Beauvais Raseau, ancien Capitaine de Milice à Saint-Domingue*, & de lui rendre compte de cet Ouvrage. Il nous a paru que toutes les pratiques de cet Art sont bien décrites par l'Auteur, qui a été lui-même Directeur d'une Indigoterie pendant plusieurs années. M. de Beauvais entre dans tous les détails qu'il est essentiel de connoître pour réussir dans la Fermentation, le Battage & la Dessiccation de l'Indigo; il indique les signes par lesquels on peut se guider pour bien conduire ces opérations; il s'occupe aussi de la description des différentes especes d'Anil dont on tire l'Indigo, & de la culture de ces Plantes. Enfin nous croyons que M. de Beauvais a rempli avec succès l'objet qu'il s'étoit proposé, & que son Ouvrage mérite d'être imprimé avec l'Approbation de l'Académie.

Je certifie le présent Extrait conforme à son original & au jugement de l'Académie. A Paris, ce 31 Août 1769.

GRANDJEAN DE FOUCHY,

Secrétaire perpétuel de l'Académie Royale des Sciences.

J'AI lu la Description de l'Art de l'Indigotier, par M. DE BEAUVAIS RASEAU, *ancien Capitaine de Milice à Saint-Domingue; & je trouve cet Ouvrage digne à tous égards de l'impression. A Paris, ce 24 Décembre 1769.*

MACQUER.

DE L'IMPRIMERIE DE L. F. DELATOUR. 1770.

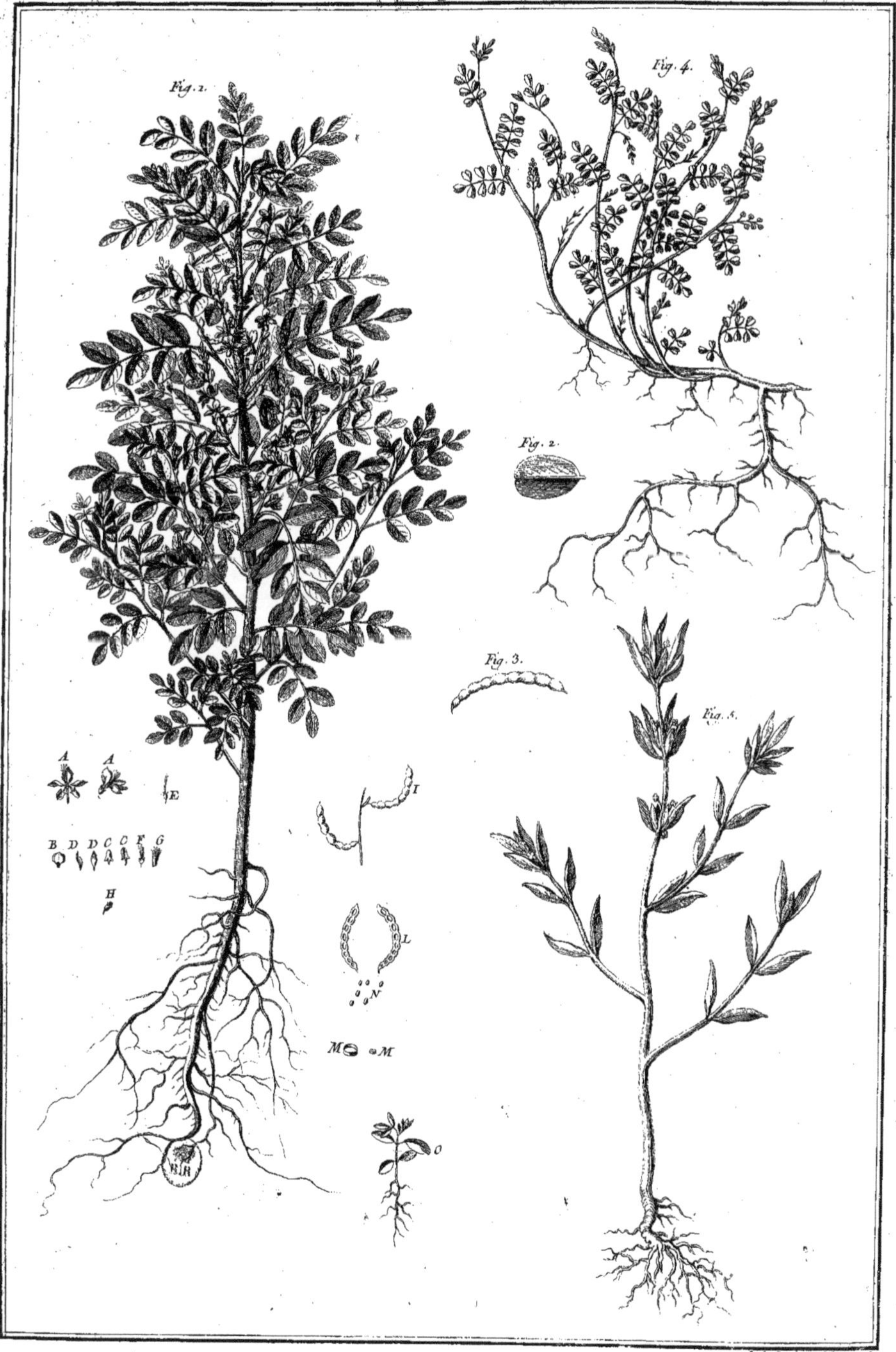

De la Gardette del. et Sculp

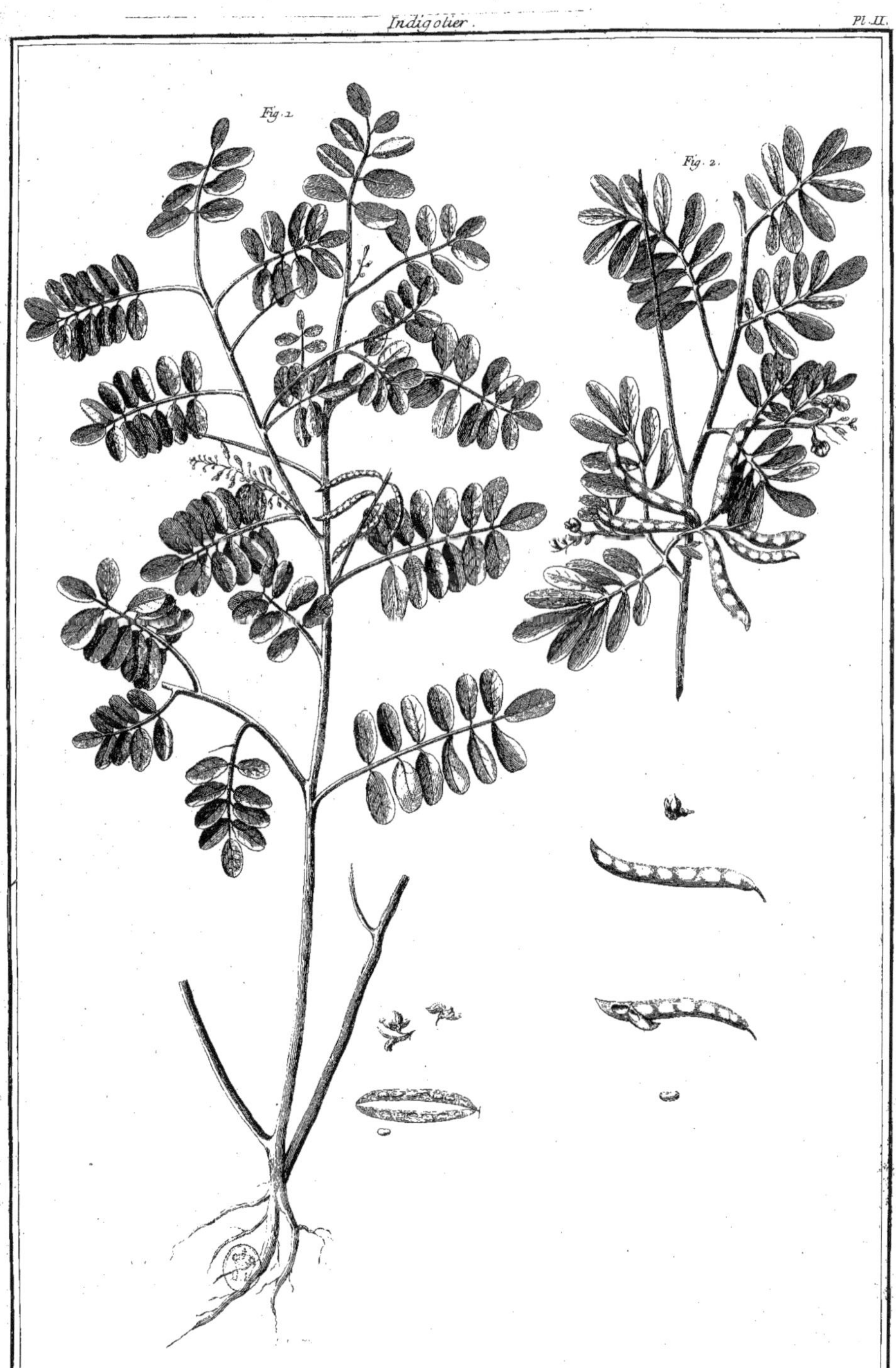

de la Gardette del. et Sculp.

Indigotier. Pl. III.

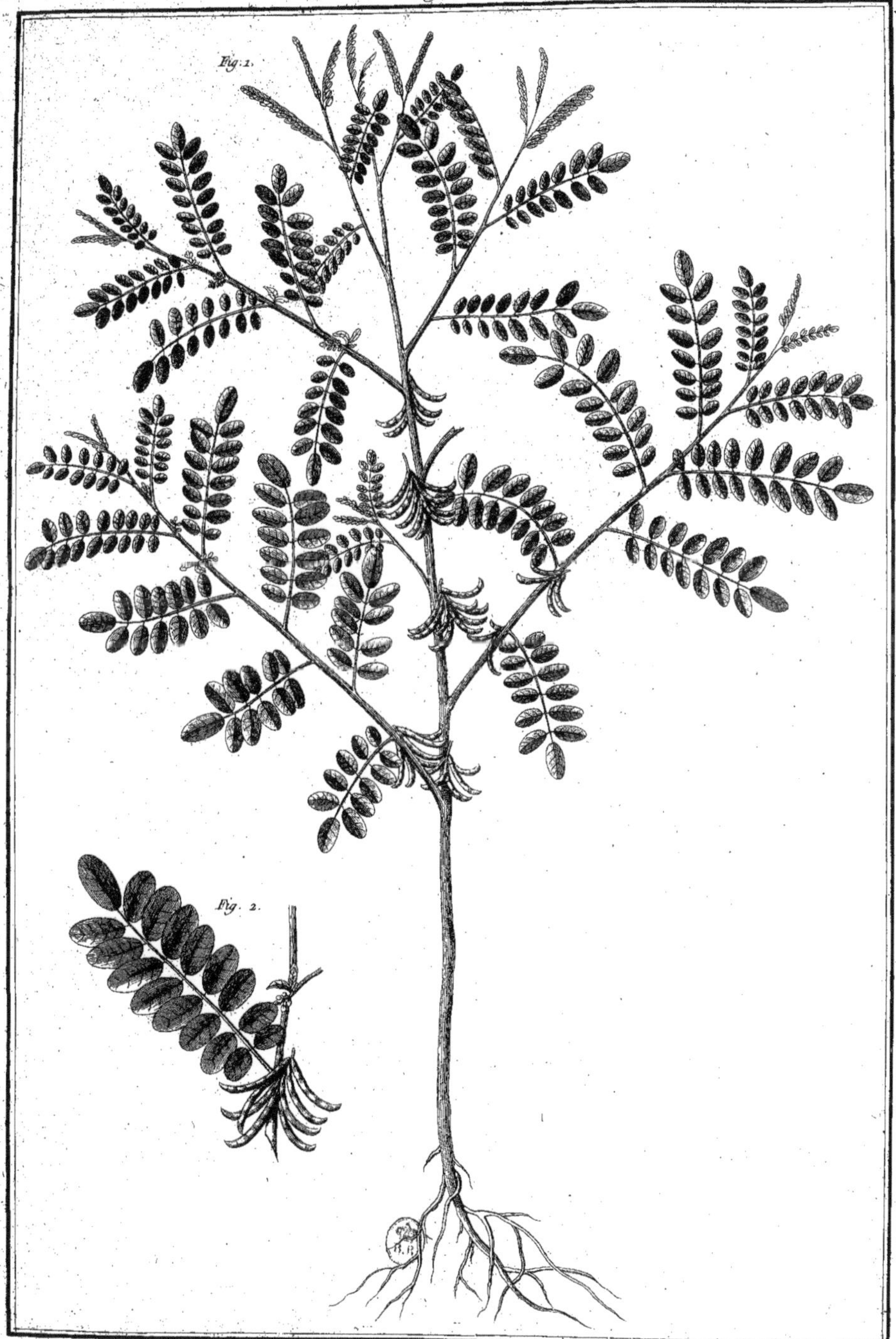

de la Gardette del. et Sculp.

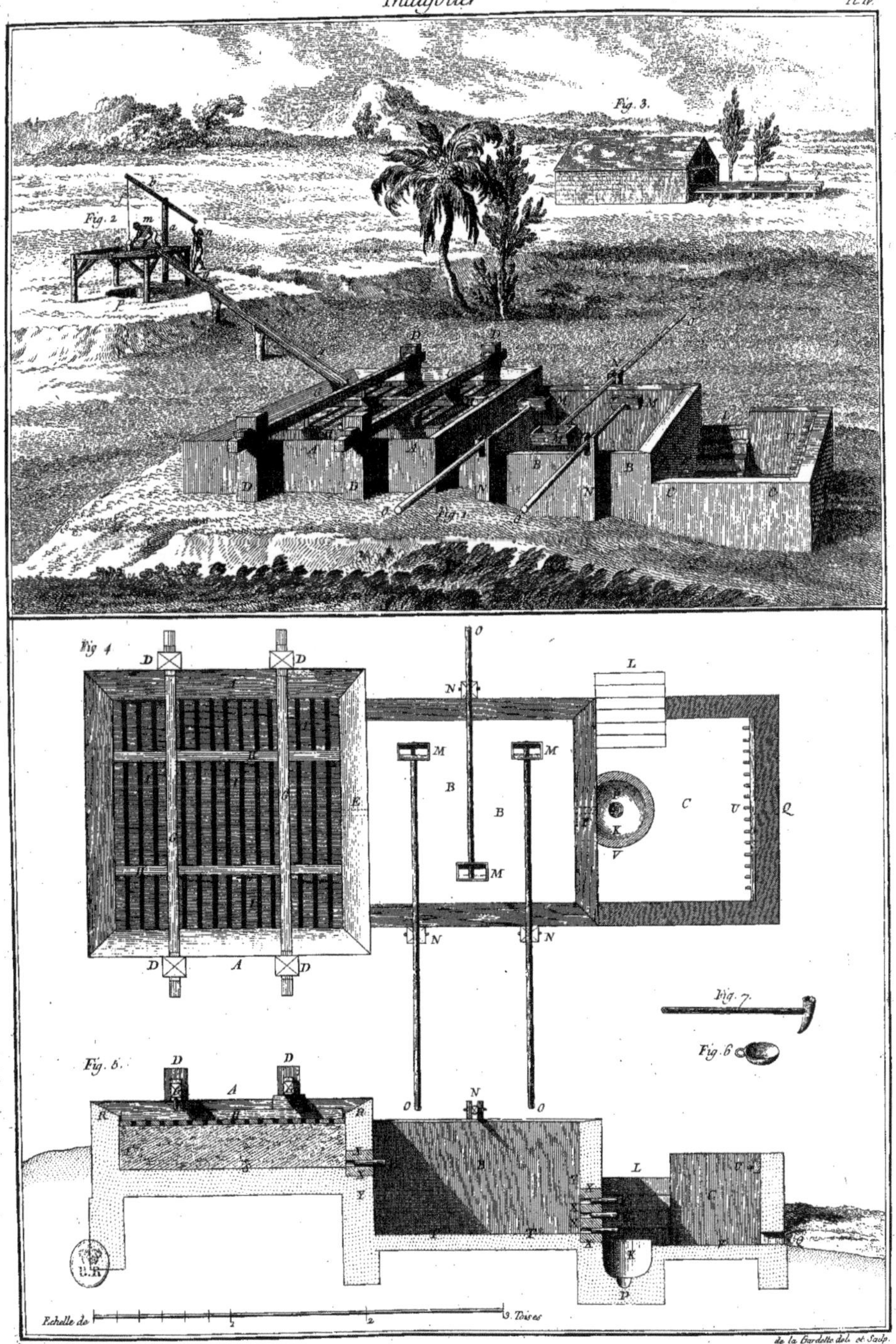
Fig. 2
Fig. 3.
Fig. 1
Fig. 4
Fig. 7.
Fig. 6
Fig. 5.
Echelle de
1
2
3. Toises
de la Gardette del. et Sculp.

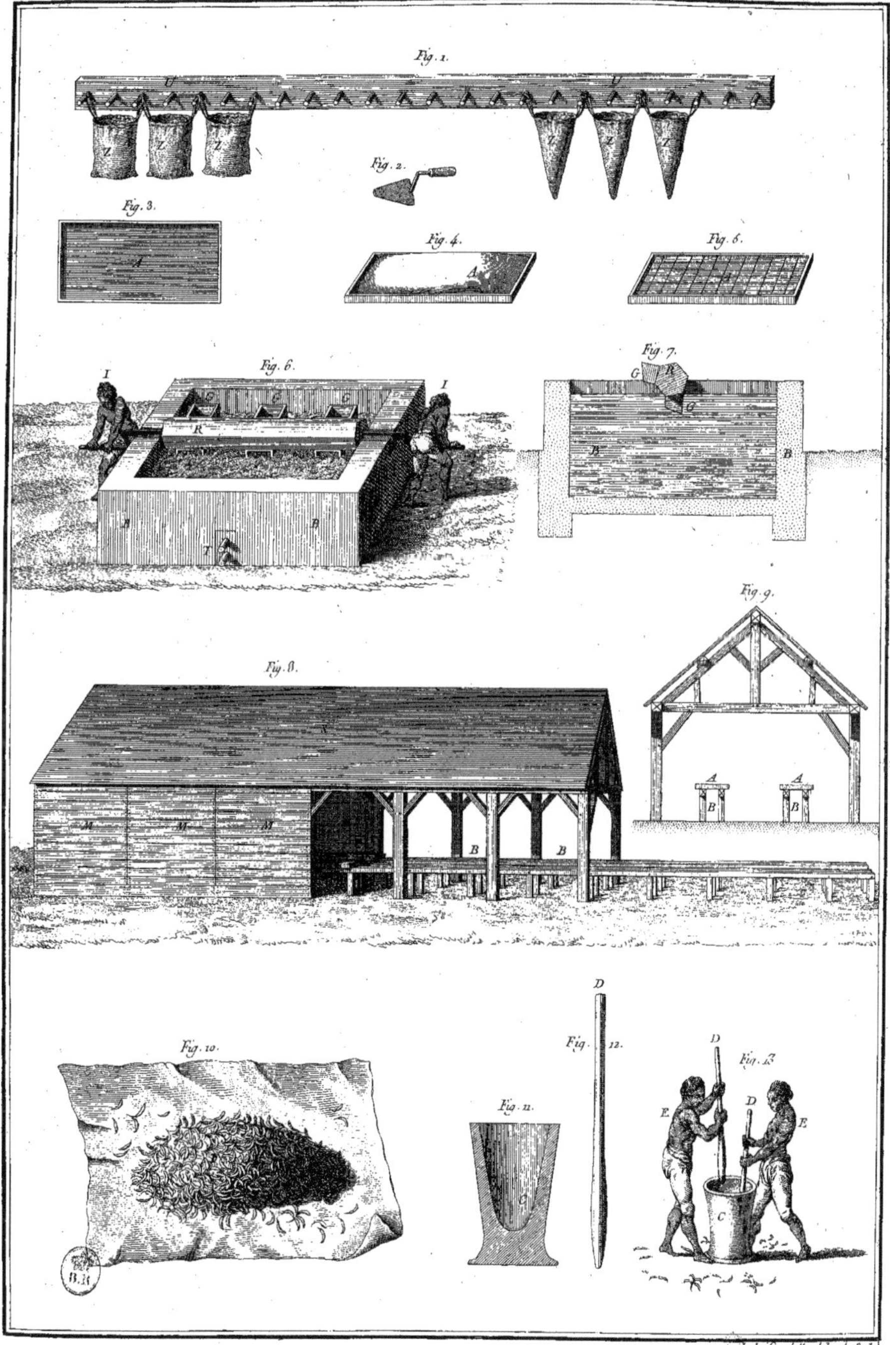
Fig. 1.
Fig. 2.
Fig. 3.
Fig. 4.
Fig. 5.
Fig. 6.
Fig. 7.
Fig. 8.
Fig. 9.
Fig. 10.
Fig. 11.
Fig. 12.
Fig. 13.
de la Gardelle del. et Sculp.

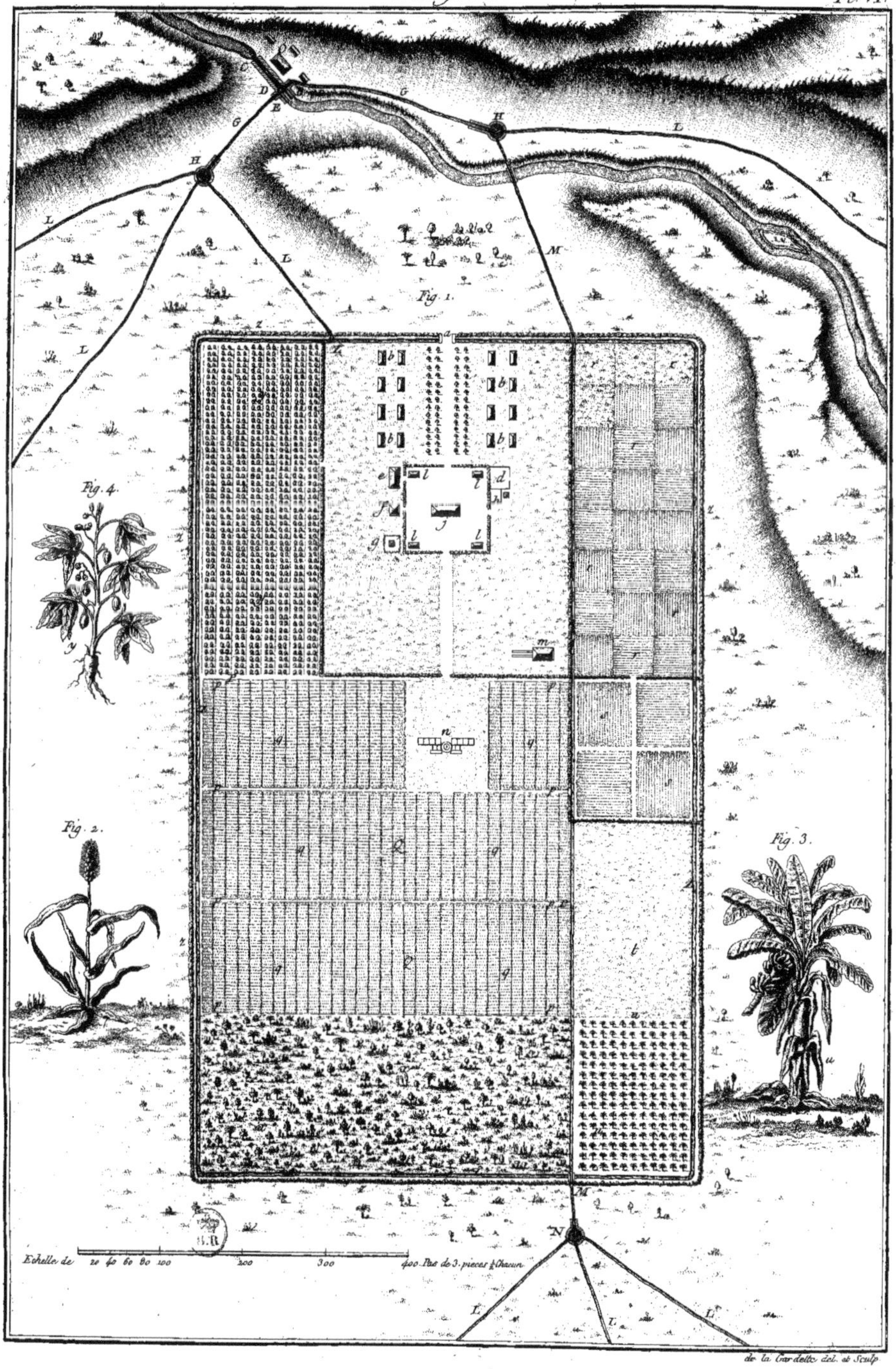

Fig. 1.

Fig. 4.

Fig. 2.

Fig. 3.

Echelle de 20 40 60 80 100 200 300 400 Pas de 3. pieces ½ Chacun

de la Gardette del. et Sculp.

Fig. 1

Fig. 2.

Fig. 3.

Fig. 4.

Fig. 5.

Fig. 6.

Fig. 7.

Fig. 8.

Echelle de 4. Toises

1 2 3 4. Toises

Fig. 9.

Fig. 10.

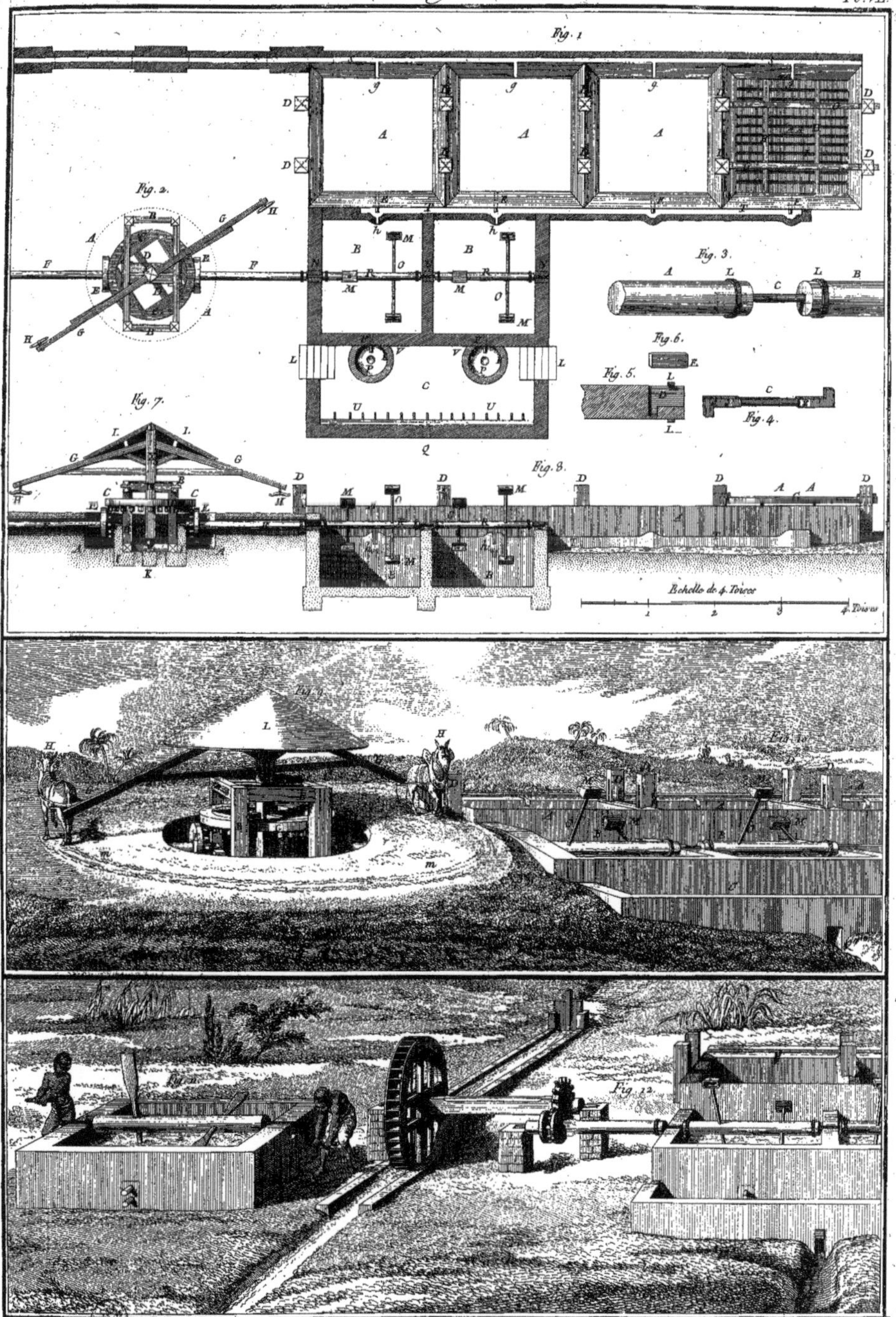

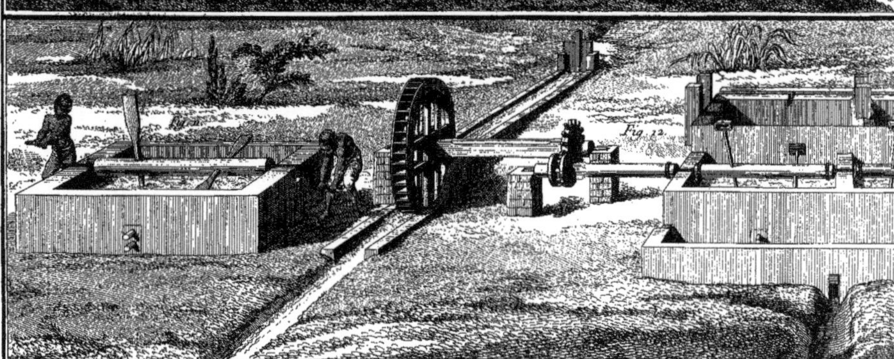

de la Gardette del. et Sculp.

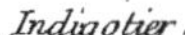

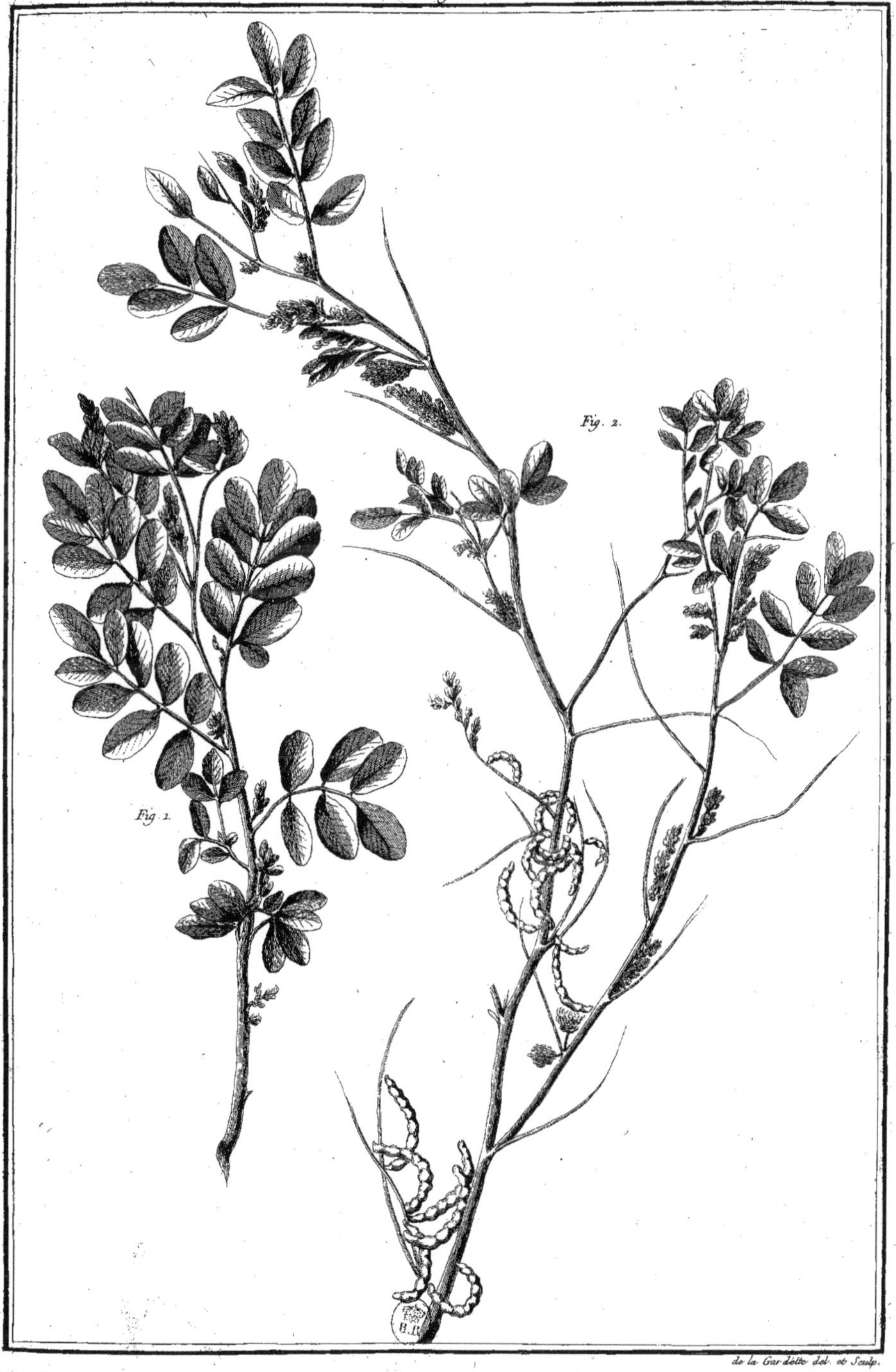

Fig. 2.

Fig. 1.

de la Gardette del. et Sculp.

Indigotier.

Pl. IX.

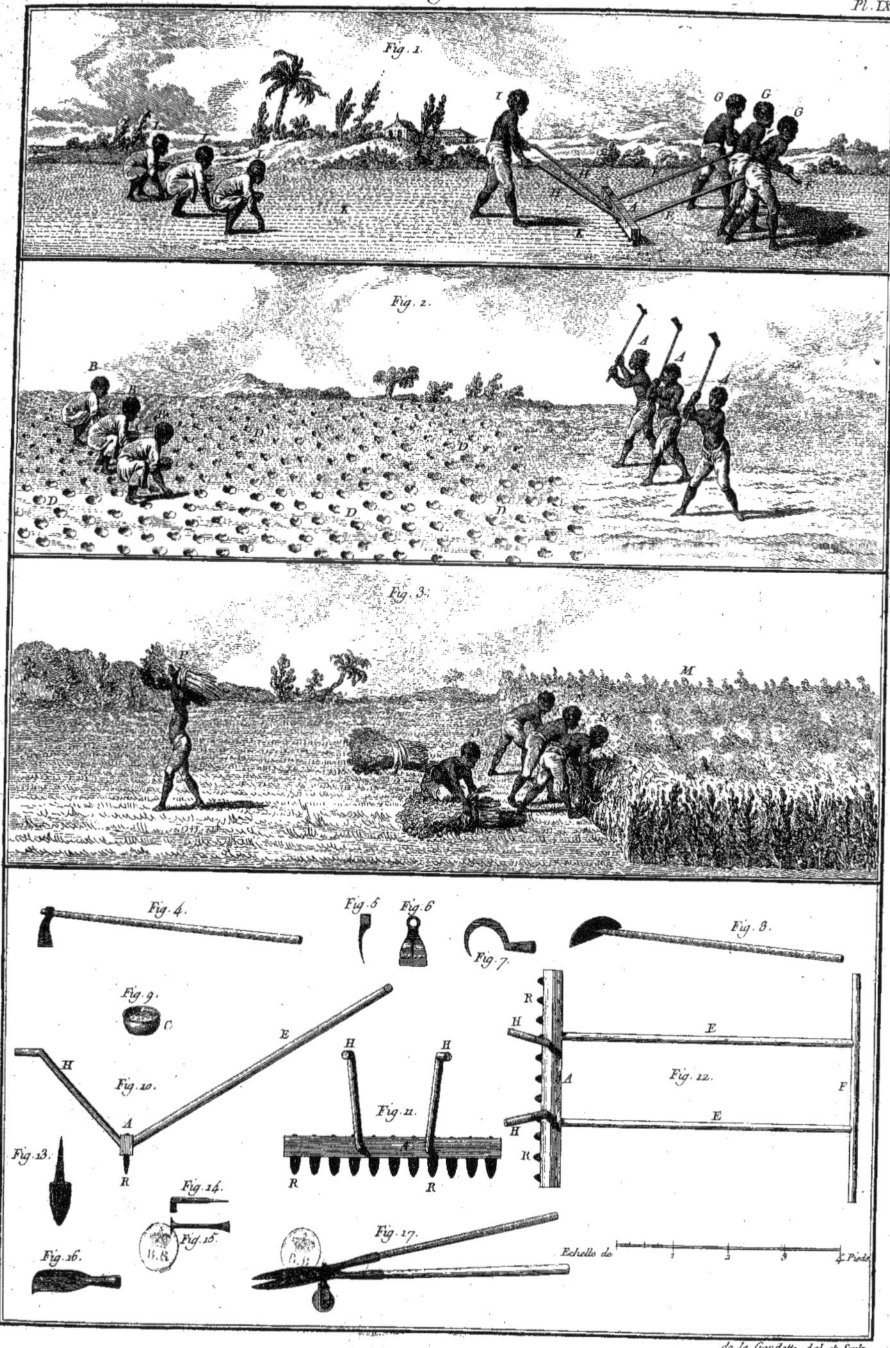

de la Gardette del. et Sculp.

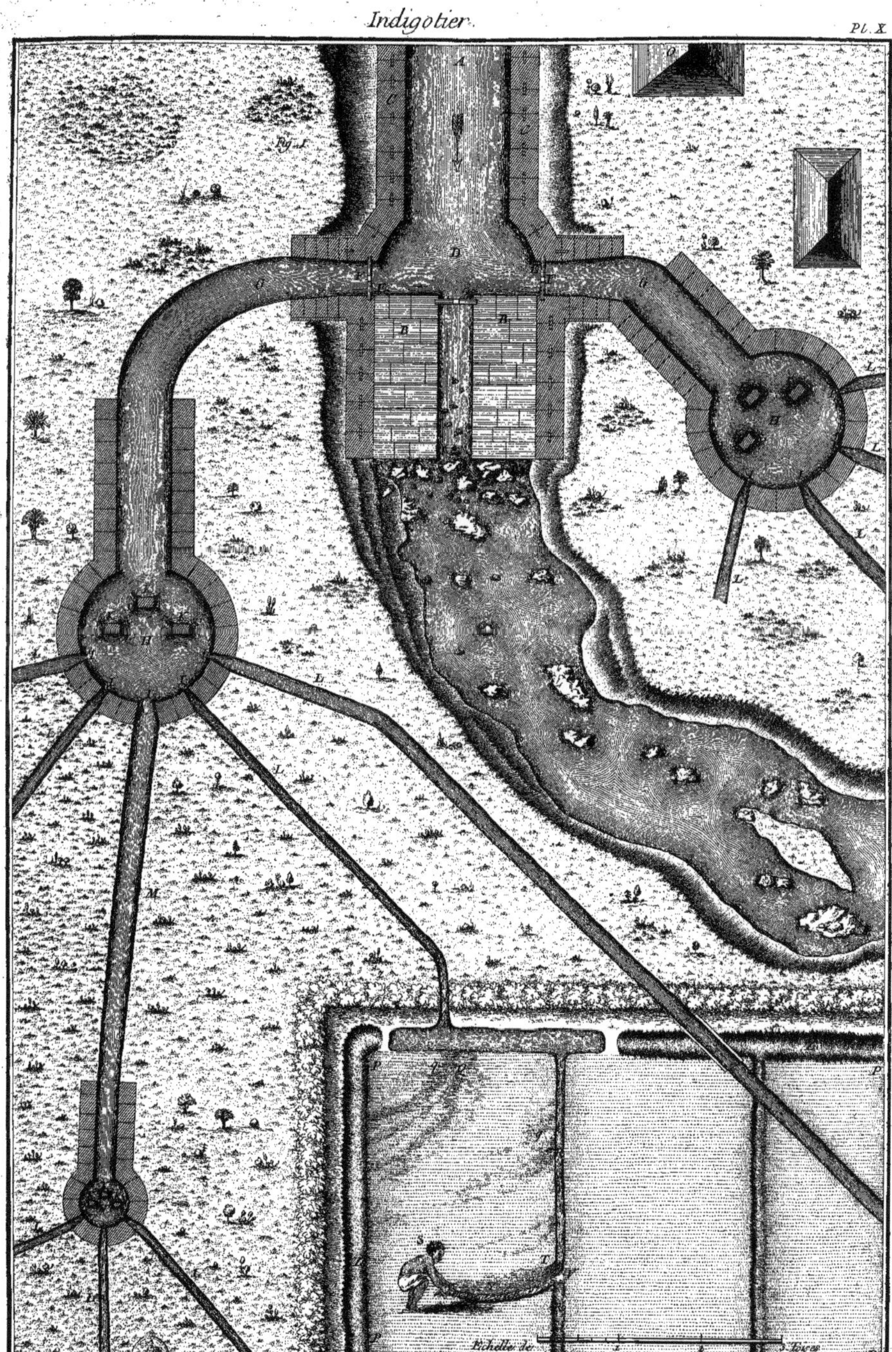
Indigotier.
Pl. X
Fig. 1
Echelle de 3 Toises
de La Gardette del. et Sculp.

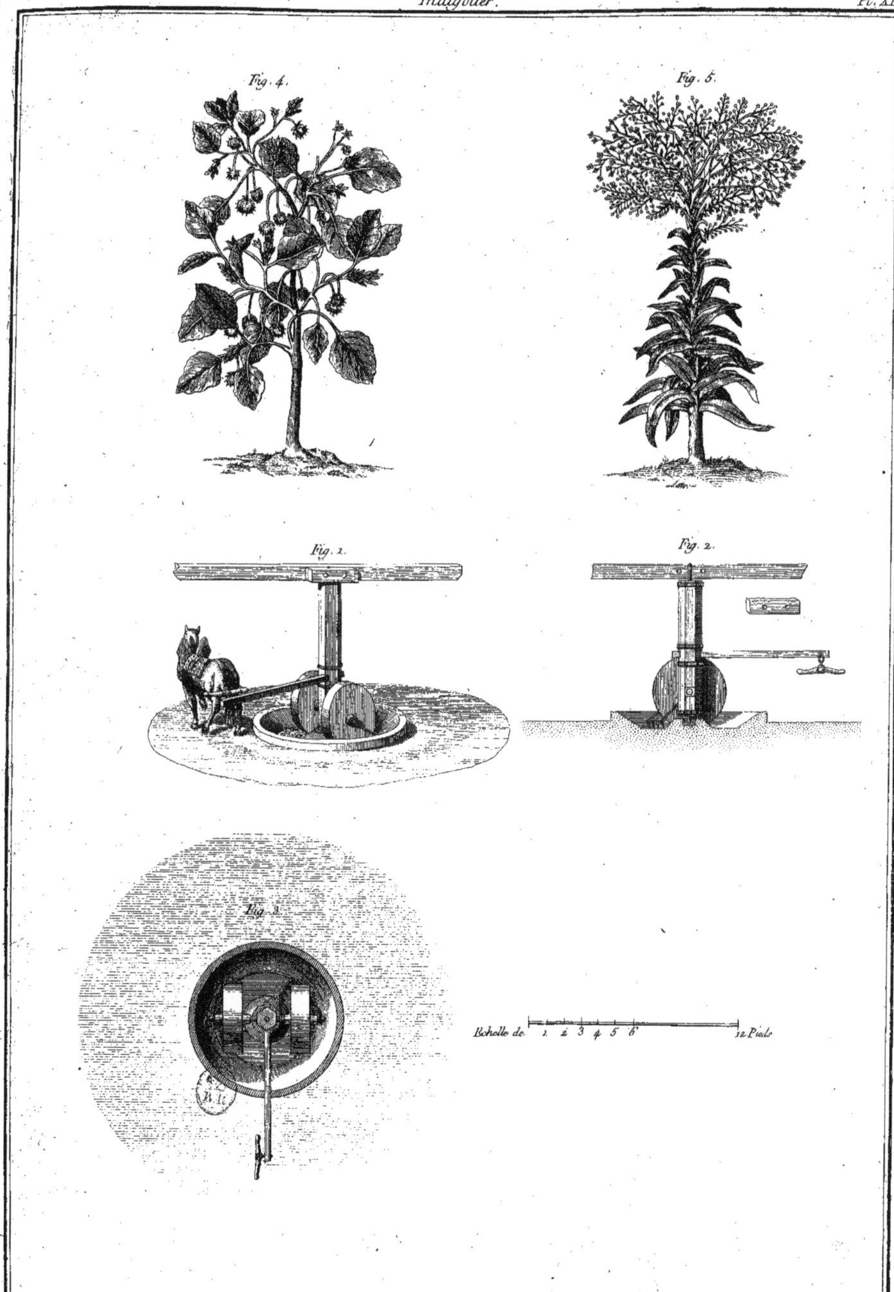

de la Gardette del. et Sculp.

www.ingramcontent.com/pod-product-compliance
Ingram Content Group UK Ltd.
Pitfield, Milton Keynes, MK11 3LW, UK
UKHW020256250726
13967UKWH00004B/1714

9 782013 057554